LUCA AL SABBAGH, DANIELE SANTARELLI,
HERMAN H. SCHWEDT, DOMIZIA WEBER

I GIUDICI DELLA FEDE
L'INQUISIZIONE ROMANA E I SUOI TRIBUNALI
IN ETÀ MODERNA

Firenze
Edizioni CLORI
MMXVII

Studi storici, filologici e letterari

La collana *Studi storici, filologici e letterari* pubblica – in formato *ebook*, secondo i principi del *gold open access*, e cartaceo – saggi, edizioni e monografie di ambito storico e filologico-letterario. La collana dispone di comitato scientifico internazionale. Le proposte di pubblicazione sono sottoposte a *double-blind peer review*. Tutte le opere della collana sono disponibili al *download* gratuito sul sito internet dell'editore, a cui si rimanda per ogni informazione.
http://www.edizioniclori.it

Edizioni CLORI

ISBN 978-88-942416-4-8

In copertina: "Feria V die 8 Julij 1660. Alexandro divina providentia Papa VII"; Joannes Lupus (notaio); decreto a stampa del Sant'Uffizio con rimando alla costituzione "Romanus Pontifex"; collezione privata.

Indice

Fonti e bibliografia   139

Prefazione

Herman H. Schwedt

Nell'anno 1539, il Doge e i governanti della Repubblica chiesero l'invio di un inquisitore a Genova perché qualcosa, a loro avviso, stava cambiando nell'ambiente cittadino: "sentiamo pullular qualche germoglio di eresia in la città nostra". Nel giro di poche settimane i loro superiori nominarono il padre domenicano Stefano Usodimare Inquisitore di Genova.

Tra il Cinquecento e l'Ottocento circa duemila volte fu nominato un inquisitore per una delle sedi inquisitoriali dipendenti dal Sant'Uffizio romano. Non sempre le fonti offrono dettagli e circostanze, come nel caso dell'Inquisitore di Genova nominato nel 1539; restano lacune e incertezze, ma nell'insieme abbiamo un elenco ricco di nomi che copre circa trecento anni di storia, il che genera nel lettore se non incanto almeno un certo rispetto.

Subito dopo la fine del Terzo Reich, nel 1946 il sociologo tedesco Eugen Kogon descrisse nel libro *Der SS Staat* il sistema organizzativo del nazionalsocialismo come una "macchina perfetta" antiumana. Il titolo dell'edizione francese, *L'Enfer organisé*, apparsa un anno dopo, cioè nel 1947, comunica meglio sia l'esperienza di Kogon nei campi di concentramento sia quella delle vittime dei *Nazi* in Europa. Ma il concetto di "macchina perfetta" elaborato da Kogon è crollato: dopo il 1968 gli storici hanno capovolto la pretesa immagine di questo perfetto funzionamento diabolico, illustrando le contraddizioni del regime nazionalsocialista, pervaso da arbitrarietà e contrasti di competenze: in sostanza, il contrario di una macchina perfetta, un caos interminabile, certamente non per questo meno terribile. Ma, di fronte ai sistemi di spionaggio e controllo costruiti in Germania Est e in altri Stati governati dal socialismo reale, quelli perpetuati dal nazionalsocialismo appaiono ormai superati ed obsoleti.

Tornando all'Inquisizione, in Italia la discussione storiografica si è concentrata non tanto sulle sue dinamiche organizzative a livello centrale e territoriale, ma sulla sua pretesa efficacia nel condizionare sul lungo periodo la mentalità, la coscienza del popolo italiano. Il dibattito è stato alimentato dal volume *Tribunali della coscienza* di Adriano Prosperi, pubblicato nel 1996, le cui pagine suggerivano che la Chiesa e l'Inquisizione in Italia avessero strumentalizzato le coscienze, in particolare tramite un uso spregiudicato del sacramento della confessione, al punto da condizionare i comportamenti e la mentalità degli italiani nel corso dei secoli, fino all'epoca attuale: dunque, l'Italia moderna sarebbe stata fondata sull'Inquisizione. Questa prospettiva è parsa ad alcuni eccessiva e frutto del fascino esercitato su Prosperi dal cattolicesimo postridentino.

La discussione si concentrava prevalentemente sull'Italia uscita dagli anni di piombo e che affrontava, negli anni novanta, segnati dagli scandali di corruzione, dal terrorismo mafioso e dalla fine della cosiddetta Prima Repubblica, una incerta fase politica.

Peraltro, oltre mezzo secolo prima, uno studio importante di Delio Cantimori (*Eretici italiani del Cinquecento*, pubblicato nel 1939) si era già soffermato sugli effetti dell'Inquisizione: l'attenzione era stata rivolta ai numerosi esuli italiani *religionis causa* del Cinquecento in Svizzera e nell'Impero fino alla Transilvania, i quali avevano dato un originale contributo allo sviluppo dei movimenti riformatori europei. Quest'ampia prospettiva, che guardava all'orizzonte europeo, correggeva indirettamente la visione nazionalistica ancora prevalente all'epoca.

Alcuni autori tedeschi nella seconda metà dell'Ottocento, nel tentativo di monopolizzare la Riforma (al singolare), l'avevano collegata esclusivamente all'opera di Lutero e di altri riformatori come Melantone o Zwingli. Nell'Ottocento la Prussia lottava per l'egemonia nel processo di unificazione nazionale germanico, alimentando di nuovo le frizioni fra le confessioni. Bismarck scatenò la sua *Kulturkampf* contro la Chiesa cattolica, dichiarandola nemica del nuovo impero germanico nato dopo la guerra franco-prussiana del 1870. Come in stato di ebrezza di fronte alla gloria prussiana, Lutero era esaltato quasi unanimemente come padre del nazionalismo germanico. Al quarto centenario della sua nascita (1883), i critici del riformatore di Wittenberg apparivano come i refrattari sostenitori di una *Gegenreformation*.

Il termine italiano Controriforma, coniato sorvolando sulle sfumature fra *Reform* e *Reformation*, divenne uno slogan storiografico di successo. Esso si prestava, per la sua imprecisione populistica, come applicabile a numerosi contesti storici, anche senza riferimento ai conflitti religiosi del Cinque-Seicento. Peraltro, il successo delle tesi di Max Weber che stabilivano un legame tra Riforma protestante, sviluppo economico e nascita del capitalismo moderno, stimolava le dispute sulla pretesa "riforma mancata" in Italia. Si osservava come l'Italia non avesse partorito veri e propri riformatori, ma esclusivamente "eretici", inaugurando un filone di ricerca che poi incontrò molta fortuna tra gli storici della Penisola.

Tra i successi più recenti di questo filone di ricerca va inserito anche Ereticopedia (www.ereticopedia.org), progetto che mira a costruire un dizionario di eretici, dissidenti e inquisitori nel mondo mediterraneo, evolutivo, in continuo aggiornamento e liberamente consultabile *online*, e che tra l'altro ospita da alcuni anni le liste degli inquisitori qui rielaborate.

Il termine "eretico" è stato spesso riferito ad una minoranza settaria e stravagante di gruppuscoli, facenti riferimento al movimento di Zwingli e alle fila più radicali dei riformatori come gli anabattisti e gli antitrinitari. Gli storici delle idee si dedicarono al loro spiritualismo neoplatonico antimaterialista, alla loro austera moralità, alla loro avversione verso i sacramenti, le immagini sacre e altri simbolismi, fino alla loro persecuzione da parte delle confessioni maggioritarie.

Il dibattito si soffermò anche su una nuova caratteristica, quella del carattere extraconfessionale. Tradizionalmente si attribuiva alle confessioni derivate dalla cosiddetta Riforma magisteriale (lutera-nesimo e calvinismo) il merito della riforma religiosa cinquecente-sca. Soltanto nell'Ottocento vari studiosi iniziarono a teorizzare una "Riforma cattolica" in atto già prima del 1517, descritta poi con varianti più o meno felici come, ad esempio, la "Restaurazione cattolica" di Ludwig von Pastor.

Nei convegni e nelle mostre per il Cinquecentenario delle Tesi di Wittenberg, che si è celebrato nel 2017, alcuni studiosi hanno so-stenuto il concetto di *Reformationen*, al plurale, al posto di *Reformation* al singolare, tramite il quale vari ideologi, tedeschi e non, negano o scartano la molteplicità dei movimenti che contribuirono al rinno-vamento religioso sin dal Quattrocento.

Tuttavia, mentre questi concetti hanno illustrato i tentativi per migliorare e riformare la Chiesa esistente, gli "eretici" sono sempre apparsi estranei a qualsiasi confessionalizzazione, protestante o cattolica che sia. Gli "eretici" sono sembrati quindi non più pro-motori di una riforma religiosa in Europa, ma avanguardia per una futura uscita dal cristianesimo. Ripetutamente, spesso da parte de-gli storici delle idee, gli "eretici" del Cinquecento sono stati colle-gati ai rappresentanti dell'Illuminismo settecentesco o ai movi-menti risorgimentali dell'Ottocento; alcune volte si sono utilizzati nei loro confronti anche termini francesi di fine Settecento come quello di *laïque*, oscillante nel significato ma da intendersi prevalen-temente in senso anticlericale o comunque avverso alle istituzioni e alle tradizioni del cristianesimo occidentale.

Le liste degli inquisitori qui pubblicate, lungi dall'inserirsi nelle discussioni su una delle riforme in Italia messe in atto o mancate, rappresentano un tentativo per comprendere e tradurre una parte importante della storia e dell'identità delle società italiane in età moderna. L'azione degli inquisitori pontifici, distribuiti nelle sedi extraromane del Sant'Uffizio, da sola non spiega il fallimento della Riforma protestante nell'Italia del Cinquecento e il successo della repressione contro gli eretici. Furono fondamentali anche e soprat-tutto il consenso e la collaborazione dei principi e delle oligarchie delle città italiane nell'azione repressiva. L'Inquisizione era uno strumento utile e necessario anche per le oligarchie che governavano le città e gli Stati italiani per controllare e arrestare la propagazione delle nuove dottrine religiose che stavano dilagando negli stati italiani, che così si salvarono dai sanguinosi conflitti politico-religiosi che avrebbero devastato l'Europa centrale.

In Italia un unico episodio può essere comparato dagli storici agli eventi delle guerre di religione che insanguinarono la Germania, i Paesi Bassi e la Francia, cioè il sacco di Roma del 1527. A compiere atrocità di ogni genere furono i mercenari al soldo dell'imperatore Carlo V, esasperati per la paga mancante e privi di un comando, ma anche animati dall'odio contro il papa e dalla volontà di "ripulire" il mondo cattolico, ai loro occhi corrotto e blasfemo. L'orgia dei lanzichenecchi esprimeva bene l'iconoclasmo che accompagnò gli altri orrori delle guerre religiose. I lanzichenecchi rievocavano la memoria traumatica del celebre Attila flagello di Dio e degli Unni, esercitando sui governanti degli Stati italiani uno *shock* quasi terapeutico rendendole inclini, come il Doge di Genova, a opporsi al dissenso religioso. I governanti degli stati italiani decisero, sostanzialmente come nell'Impero, a quale confessione i cittadini dovessero appartenere, secondo il principio che chi esercita il potere decide anche la religione dei sudditi: *cuius regio eius religio*.

Le liste degli inquisitori qui pubblicate non vogliono nascondere o denunciare niente, ma prestare un piccolo aiuto ai lettori in cerca di informazioni, nutrendo il loro senso critico. Erano i "nostri" inquisitori, non quelli di altri. L'Inquisizione non è stata un fenomeno marginale della storia europea, ma ha lasciato un segno indelebile nelle coscienze nazionali della nostra Europa.

I dati raccolti si basano in larga parte sugli elenchi prodotti dagli eruditi del XVII e del XVIII secolo. Ulteriori informazioni sono state tratte da una collezione dello scrivente, arricchitasi nel corso degli anni e in fase di ulteriore elaborazione. Rimangono, ovviamente, lacune e incertezze, ma ci si assume il coraggio di presentare liste da perfezionare e raffinare. Lo scrivente e i suoi giovani colleghi si rallegrano del fatto che il presente lavoro possa aiutare i lettori alla ricerca di informazioni storiche, ben sapendo che l'argomento ha ancora bisogno di molte indagini e, per restare in tema, ancora di molta *inquisizione*.

L'Inquisizione romana: un profilo storico

Daniele Santarelli

L'Inquisizione romana o Sant'Uffizio dell'Inquisizione fu la rete di tribunali che a partire dalla riorganizzazione decretata con la bolla *Licet ab initio* (21 luglio 1542) di Paolo III si occupò della repressione delle eresie e del controllo dell'ortodossia con competenza, principalmente, sui territori degli Stati dell'Italia centro-settentrionale.

L'azione dell'Inquisizione romana si limitò quasi esclusivamente a queste zone della penisola italiana, giacché, al momento della sua istituzione, in Spagna (dal 1478) e Portogallo (dal 1536) esistevano già Inquisizioni "nazionali", strutturate, efficienti ed integrate nei rispettivi sistemi monarchici. In Francia invece la "moderna" Inquisizione non fu mai introdotta, essendo la persecuzione dell'eresia demandata ad un'apposita commissione detta *Chambre ardente* istituita da re Francesco I nel 1535 (puramente nominale fu la sopravvivenza dei tribunali inquisitoriali di Tolosa, Carcassonne e Besançon, mentre quello di Avignone, l'unico veramente attivo sul suolo francese, risiedeva in territorio formalmente appartenente allo Stato della Chiesa e governato da un legato apostolico). Nel Regno di Napoli e nella Repubblica di Lucca la competenza inquisitoriale fu demandata ai vescovi, mentre la Sicilia e la Sardegna rientravano nelle competenze dell'Inquisizione spagnola.

Storia e geografia dell'Inquisizione romana

L'avvio della "nuova" Inquisizione e la repressione del protestantesimo in Italia

Antecedenti sotto Clemente VII

Nell'ottobre 1532 Gian Pietro Carafa faceva pervenire a Clemente VII un celebre memoriale da Venezia per sollecitare il papa ad agire con la massima durezza davanti a una situazione ormai insostenibile che vedeva una larga penetrazione delle nuove idee religiose nella penisola. Il 4 gennaio di quello stesso anno Clemente VII, che non aveva una grande considerazione di Carafa ma cominciava a preoccuparsi molto della situazione, aveva nominato l'agostiniano Callisto Fornari, uomo di sua fiducia, predicatore apostolico e "inquisitorem generalem... haeresis lutheranae tantum per totam Italiam". Tale nomina tuttavia non fu particolarmente efficace e non poteva bastare per far fronte al grave stato delle cose.

L'istituzione della Congregazione del Sant'Uffizio da parte di Paolo III e il progressivo affermarsi della linea intransigente

Nel 1542 Paolo III cedeva dunque alle pressanti richieste del cardinal Gian Pietro Carafa per una riorganizzazione ed un potenziamento dell'Inquisizione resi urgenti dal dilagare di Riforma protestante e movimenti ereticali nella Penisola. Già l'anno precedente d'altronde (concistoro del 15 luglio 1541) Paolo III aveva preposto Carafa stesso e Girolamo Aleandro alla riorganizzazione dell'Inquisizione. Veniva adesso istituita la congregazione cardinalizia del Sant'Uffizio, incaricata di coordinare la repressione e l'attività dei tribunali locali, nei quali sin dagli esordi medievali operavano principalmente frati francescani e domenicani e anch'essi destinati ad essere riorganizzati e potenziati. La composizione iniziale di questa congregazione cardinalizia rifletteva l'esigenza di rispettare gli equilibri tra rigore, repressione e tendenze più concilianti, giacché al momento la partita tra correnti ireniche, non contrarie a un accordo coi protestanti, e intransigenti, fautrici della più dura repressione, all'interno della Curia romana era ancora aperta. Oltre al cardinal Carafa, posto alla testa della Congregazione, ne erano membri il canonista Pietro Paolo Parisio (morto nel 1545), uomo di fiducia di Paolo III, Dionisio Laurerio (morto nel settembre 1542, cioè poco dopo l'istituzione della congregazione), vicario generale dei serviti ed altro uomo di fiducia della famiglia Farnese, l'intransigente cardinale lucchese Bartolomeo Guidiccioni (morto nel 1549), il "moderato" Tommaso Badia , maestro del Sacro Palazzo e Juan Alvarez de Toledo , fratello del viceré di Napoli Pedro de Toledo e uomo di Carlo V. Il primo effetto immediato e clamoroso dell'istituzione del nuovo organo fu la fuga all'estero di Bernardino Ochino, generale dei cappuccini, accusato di eresia e convocato a Roma per discolparsi.

Malgrado il fiorire degli studi sull'Inquisizione in Italia a partire dagli anni novanta del XX secolo, né le dinamiche di inclusione/esclusione dei membri del Sant'Uffizio, né le eventuali discussioni intern alla Congregazione sono state a lungo ben approfondite. Importanti passi avanti si sono avuti grazie a studi recenti di Chiara Quaranta [Quaranta 2010] e Massimo Firpo [Firpo 2010; Firpo 2014] e soprattutto grazie all'immenso e straordinario lavoro di Herman H. Schwedt [Schwedt 2013; Schwedt 2017].

Si può affermare che a poco a poco la Congregazione fu egemonizzata dagli uomini più intransigenti fedeli al cardinal Carafa. Nella compagine originaria del 1542 gli intransigenti duri e puri erano soltanto due su sei, cioè Carafa e Guidiccioni, e nel 1545 il Badia fu affiancato da un altro uomo vicino alle posizioni degli "spirituali", il cardinale benedettino Gregorio Cortese. Contemporaneamente era incluso nella Congregazione anche Francesco Sfondrati, giurista milanese riconvertitosi alla carriera ecclesiastica. Dalla fine degli anni quaranta i due nuovi membri intransigenti Marcello Cervini e Rodolfo Pio di Carpi (morto nel 1564) assunsero sempre più peso all'interno della congregazione. Per giunta i due membri "moderati", Badia e Cortese, morirono rispettivamente nel 1547 e nel 1548, senza essere sostituiti. Nel 1549 moriva anche l'intransigente Guidiccioni, e nel 1550 anche Francesco Sfondrati. Per sopperire, sotto il papato di Giulio III (1555-1559), furono immessi nella Congregazione Girolamo Verallo (morto nell'ottobre 1555) e Giacomo Puteo, quest'ultimo assai intransigente e vicino al Carafa. Più estemporanea, sempre sotto Giulio III, fu la partecipazione alle riunioni del Sant'Uffizio dei legati al concilio di Trento Marcello Crescenzi e Sebastiano Pighini.

Una volta assunto il dominio della Congregazione, Carafa e i suoi sodali la usarono per affermare la propria egemonia all'interno della Curia romana stessa: il Sant'Uffizio, insomma, divenne sempre più strumento nelle mani di Carafa, che lo utilizzò contro i suoi nemici interni in Curia: nel 1549 proprio i sospetti di eresia impedirono l'elezione papale, che sembrava cosa ormai già fatta, di Reginald Pole.

Contemporaneamente si poneva il problema dell'installazione delle sedi locali della "nuova" Inquisizione, il che andava trattato di volta in volta con le varie autorità civili, spesso gelose della propria autonomia giurisdizionale. In due casi si crearono sistemi "misti", nei quali le autorità civili si preoccuparono di affiancare all'Inquisizione ecclesiastica dei magistrati laici. A Lucca, dove il potere inquisitoriale rimase nelle mani del vescovo, fu istituita nel 1545 la magistratura dell'*Offizio sopra la religione*. A Venezia invece il potere inquisitoriale fu spartito tra il nunzio, l'inquisitore di nomina papale, il patriarca della città e la magistratura dei tre Savi sopra l'eresia, istituita nel 1547.

La battaglia decisiva negli anni del papato di Giulio III

Una battaglia decisiva si svolse negli anni del papato di Giulio III, che odiava profondamente il cardinal Carafa, nondimeno a stento riusciva a moderare il suo impeto inquisitoriale. Giulio III avviò un politica a favore dell'indulto e della delazione: con due brevi datati 29 aprile 1550 (*Cum meditatio cordis nostri* e *Illius qui misericors*) concesse un indulto ai possessori di libri proibiti in caso li consegnassero all'Inquisizione e agli eretici che volessero confessare i propri errori agli inquisitori delle loro città (attraverso una sorta di "abiura privata"). Di questa politica dell'indulto approfittò subito don Pietro Manelfi, la cui delazione del 1551 consentì lo smantellamento dell'anabattismo veneto. Peraltro Giulio III tentò di mettere un freno all'intransigenza e alla sete di potere dei cardinali inquisitori: fu proprio negli anni del suo papato che il Sant'Uffizio avviò l'indagine a carico del cardinal Morone: Giulio III impose la cassazione del processo, ma il Carafa si rifiutò di obbedire. Inoltre il Sant'Uffizio fece arrestare e mise sotto processo il vescovo di Bergamo Vittore Soranzo, protetto dai cardinali Pole e Morone, e ancora una volta l'intervento papale fu provvidenziale per salvare l'imputato. Ma la battaglia fu infine vinta dagli inquisitori, tant'è che di lì a poco, nel 1555, divennero pontefici: prima Marcello Cervini (Marcello II), poi Carafa stesso (Paolo IV).

Il papato di Paolo IV: l'esplosione della lotta contro l'eresia

Alla fine del papato di Giulio III la Congregazione del Sant'Uffizio risultava composta dai cardinali Carafa, Carpi, Toledo, Verallo, Cervini e Puteo. Gli "intransigenti" avevano ormai "conquistato" la Congregazione. La tappa successiva sarebbe stata la "conquista" del papato e dell'intera Curia romana. Cosa che avvenne pienamente con Paolo IV, sotto il cui regno il Sant'Uffizio ampliò a dismisura il suo potere e le sue competenze. I cardinali membri del Sant'Uffizio, ridottisi a quattro (con le elezioni al trono pontificio del Cervini – seguita dalla sua prematura morte – e quindi del Carafa), furono in breve aumentati fino a quindici, con l'immissione nella compagine di fieri intransigenti fedelissimi di Paolo IV: per esempio, Michele Ghislieri, già commissario generale del Sant'Uffizio, nominato per l'occasione cardinale e *inquisitor magnus et perpetuus*, e gli altri neo cardinali Giovanni Antonio Capizuchi, Bernardino Scotti, Scipione Rebiba, Virgilio Rosario.

Il partito degli "spirituali" subì una violenta aggressione frontale con l'arresto e il processo del cardinal Morone, la revoca della legazione inglese al cardinal Pole, richiamato a Roma per essere esaminato (ma il cardinale inglese, protetto dalla regina Maria Tudor, si guardò bene dall'obbedire all'ordine del pontefice), il nuovo processo in contumacia del vescovo Soranzo e vari altri arresti, processi ed esecuzioni. Da Roma l'impulso all'intensificazione della lotta contro gli eretici in tutta Italia fu molto forte, pertanto il papato di Paolo IV costituì una svolta significativa (anche se papa Carafa non si adoperò particolarmente per ampliare la rete dei tribunali inquisitoriali).

Il papato di Pio IV: il Sant'Uffizio perde terreno

Tuttavia con Pio IV si voltò momentaneamente pagina, tornando a orientamenti simili a quelli di Giulio III: il cardinal Morone fu prosciolto e inviato a dirigere il concilio di Trento, i nipoti di Paolo IV, Carlo e Giovanni Carafa, di contro furono messi a morte, il Sant'Uffizio fu ridimensionato nel numero dei cardinali e soprattutto nelle sue competenze e nella sua influenza. Nella congregazione furono confermati soltanto Michele Ghislieri, Rodolfo Pio di Carpi (morto nel 1564), Pedro Pacheco (morto nel marzo 1560), Giacomo Puteo e Bernardino Scotti. In seguito Pio IV ritoccò a più riprese la composizione della commissione: tra i nuovi inclusi, Gian Battista Cicala (che, ostile a Paolo IV, durante il suo papato si era allontanato da Roma per risiedere nella natia Genova) e il cardinale umanista Marcantonio Da Mula, entrambi uomini di fiducia del pontefice. Il cardinal Ghislieri, pur rimanendo formalmente alla testa del Sant'Uffizio, subì una dura politica di isolamento da parte di Pio IV. Ma venne infine anche per lui il tempo della vendetta, con la sua elezione al papato nel 1566, che sancì il trionfo definitivo dell'Inquisizione e la rovina di tutti gli orientamenti a lei avversi.

Da Pio V a Sisto V: il trionfo dell'Inquisizione

Pio V riorganizzò di nuovo il Sant'Uffizio, affidandolo ai cardinali Scipione Rebiba, Bernardino Scotti (morto nel 1568), Francisco Pacheco e Gian Francesco Gambara. Spiccavano nella compagine inquisitoriale i nomi del cardinal Scotti, antico teatino e collaboratore di Paolo IV, e, con una posizione di preminenza, del cardinal Rebiba, anch'egli fedelissimo di Paolo IV e duramente perseguitato da Pio IV per i suoi legami con la famiglia Carafa. Un altro personaggio la cui influenza cominciò a imporsi fu Giulio Antonio Santori, già consultore della congregazione dal 1566, che entrò a pieno titolo nella compagine inquisitoriale alla sua nomina cardinalizia nel 1570. Contemporaneamente veniva premiato con il cardinalato anche un altro inquisitore di professione, Felice Peretti (il futuro Sisto V). Sotto Pio V il Sant'Uffizio completò il debellamento della fazione degli "spirituali" con il processo e la condanna a morte di Pietro Carnesecchi. Esso affermò la propria preminenza sulle altre congregazioni romane sorte in seguito all'applicazione dei decreti tridentini (tra le quali la congregazione dell'Indice, istituita dallo stesso Pio V nel 1571, che assorbiva una parte delle competenze del Sant'Uffizio), preminenza che venne confermata dal successore Gregorio XIII e ratificata infine da Sisto V nel 1588 con la bolla *Immensa aeterni*. L'apogeo del Sant'Uffizio si ebbe negli anni del segretariato di Giulio Antonio Santori (dal 1586 al 1602).

Dalla repressione del protestantesimo al controllo dell'ortodossia e dei comportamenti sociali

Ampliamento di competenze

Gli anni sessanta e settanta del XVI secolo furono anni di intensa persecuzione inquisitoriale, nel corso dei quali quel che restava del movimento protestante italiano, che aveva già subito duri colpi nei due precedenti decenni, fu definitivamente annientato. A partire da questo momento in poi, molta parte dell'attenzione del Sant'Uffizio si spostò su magia diabolica e stregoneria. Una svolta importante fu rappresentata dalla bolla *Coeli et terrrae* (1586) con la quale Sisto V condannò senza mezzi termini astrologia e magia colta, con cui la Chiesa rinascimentale aveva convissuto. Ma nel mirino c'erano anche le superstizioni popolari. Magia diabolica e stregoneria erano terreni tradizionalmente di competenza dei tribunali vescovili e solo occasionalmente oggetto di cacce e persecuzioni, ma l'Inquisizione strappò a poco a poco la competenza in materia ai delegati vescovili, occupandosene a fondo a partire dal tardo Cinquecento. Il che rientrava in un processo di ampliamento di competenze della nuova Inquisizione ai danni degli organi tradizionali del clero secolare e regolare e delle stesse competenze dei tribunali laici: le competenze del Sant'Uffizio si allargarono progressivamente altresì alla bestemmie e ai reati connessi alla sfera sessuale (sodomia, bigamia…). Il Sant'Uffizio ottenne la competenza anche sui reati di adescamento in confessione, la cosiddetta *sollicitatio ad turpia*. La questione venne definita da Gregorio XV nella bolla *Universi dominici gregis* (1622).

Sul terreno della repressione delle idee, sgominato il pericolo protestante in Italia, l'attenzione si concentrò sul controllo delle minoranze religiose (valdesi, cristiani ortodossi, ebrei), degli intellettuali (è passato alla storia il rogo di Giordano Bruno del 1600, e altrettanto significativa è la vicenda di Tommaso Campanella, sottoposto a torture e ad una lunga carcerazione; particolarmente aspro fu altresì lo scontro con la nuova cultura scientifica, col caso clamoroso del processo a Galileo), nonché sulla censura della stampa, in collaborazione con la Congregazione dell'Indice. Particolare attenzione fu rivolta altresì alla cultura popolare e ai fenomeni di santità spontanea. Il Sant'Uffizio, a partire dagli anni venti del XVII secolo, acquisì anche un ruolo decisivo nei processi di canonizzazione (che non potevano concludersi positivamente senza il suo accordo).

Organizzazione e consolidamento della rete dei tribunali

Negli ultimi decenni del Cinquecento la rete dei tribunali locali si consolidò ed assunse la fisionomia che la caratterizzò fino alle abolizioni settecentesche. Attorno al 1580 si era completato un processo per cui la nomina degli inquisitori locali era passata dagli ordini rispettivi di appartenenza alla Congregazione del Sant'Uffizio. I cardinali inquisitori istruivano e addestravano i delegati locali attraverso la corrispondenza (si diffusero anche manuali per inquisitori, ma ebbero un ruolo meno rilevante). Le sedi inquisitoriali locali accrebbero la propria autonomia rispetto alle autorità civili, e i rapporti tra sedi inquisitoriali locali e la Congregazione del Sant'Uffizio furono ben regolati. I delegati locali, che risiedevano in città, si dotarono di vicari nelle aree rurali, vero e proprio collante tra città e campagna nell'amministrazione della repressione, la cui nomina non era decisa autonomamente ma era posta sotto il controllo della Congregazione del Sant'Uffizio. Il che creò un sistema accentrato ed efficiente, anche se non esente da un certo spirito paternalistico nella dialettica tra cardinali inquisitori e delegati locali, come risulta ampiamente dalla corrispondenza.

Questo in tutte le aree della Penisola in cui la nuova Inquisizione si era installata. Non nel Regno di Napoli, dove la giurisdizione inquisitoriale rimase saldamente in mano ai vicari vescovili. L'unica concessione fu nel 1585 l'instaurazione a Napoli di ministri del Sant'Uffizio con competenza su tutto il Regno, ma il loro ruolo fu di fatto sempre limitatissimo anche nella capitale, dove il potere inquisitoriale rimase sempre stabilmente in mano alla Curia arcivescovile.

Altrove i tribunali inquisitoriali guadagnarono sempre più autonomia rispetto alle autorità civili, riuscendo talvolta a condizionarne pesantemente le politiche. Beninteso, l'alleanza tra Stato e Chiesa si fondava su interessi comuni e il controllo dei comportamenti e la preservazione dell'ortodossia costituivano per le autorità civili rilevanti problemi di ordine pubblico, il che giustifica l'accondiscendenza spesso mostrata da parte di quest'ultime verso le prerogative inquisitoriali.

Aspetti procedurali

L'obiettivo primario del Sant'Uffizio non era spargere sangue senza ritegno ma preservare l'ortodossia.

La procedura del processo inquisitoriale si definì compiutamente nel periodo di massimo apogeo del Sant'Uffizio, a cavallo tra Cinquecento e Seicento. L'indagine si apriva in genere a seguito di una denuncia o esposto scritto, raramente d'ufficio. Quindi venivano raccolte le prove a carico dell'imputato. Se esse non erano sufficienti seguiva l'archiviazione, altrimenti si procedeva ad incarcerazione ed interrogatori del reo. Questa fase era detta processo offensivo: il reo doveva difendersi da solo, e gli inquisitori potevano servirsi della tortura, anche se il suo uso venne progressivamente regolato. Essa infatti a partire dal 1591 non poteva essere applicata autonomamente da delegati locali, ma doveva essere approvata obbligatoriamente dai cardinali inquisitori.

La fase successiva era quella difensiva: i capi d'accusa erano formalizzati ed erano ammessi avvocati difensori se l'imputato decideva di avvalersene. Quindi si ritornava agli interrogatori, e infine si perveniva alla sentenza.

La pena di morte era in genere comminata agli impenitenti e ai *relapsi*, e l'esecuzione poteva essere orribile e accompagnata da forme brutali di accanimento se il reo non mostrava alcun segno di pentimento (cosa che accadeva raramente: fu il caso, per esempio, di Pomponio Algieri nel 1556, di Giordano Bruno nel 1600 e di Giulio Cesare Vanini nel 1619, le cui esecuzioni furono particolarmente atroci). In caso contrario in genere, come atto di clemenza, il reo veniva decapitato, quindi si procedeva al rogo del cadavere. A Venezia, caso particolare, le autorità civili imposero a quelle ecclesiastiche come forma prevista dell'esecuzione capitale degli eretici l'annegamento nella laguna.

Nei casi meno gravi le pene previste in alternativa alla condanna a morte erano l'immurazione (cioè la reclusione in una cella piccolissima e senza finestre) o il servizio coatto ai remi sulle galere. Procedure speciali e trattamenti di favore erano previsti per chi collaborava e si presentava spontaneamente, in linea di continuità con la politica dell'indulto inaugurata sin dagli anni di papa Giulio III.

Il lento declino dell'Inquisizione romana fino all'abolizione dei tribunali

La prosecuzione dell'attività repressiva

Nella seconda metà del Seicento ed ancora all'inizio del Settecento la rete dei tribunali fu pienamente efficiente. In questa fase si diffuse il fenomeno delle conversioni e dei battesimi forzati degli ebrei nello Stato della Chiesa, proseguì l'offensiva contro la stregoneria e la magia (i casi del Friuli e di Siena sono particolarmente significativi) e contro la santità spontanea e mistica (in particolare si ebbe la repressione del movimento pelagino in Valcamonica; anche la condanna del quietismo va nella medesima direzione). Il giansenismo venne duramente represso, così come le tesi giurisdizionaliste: in quest'ultimo ambito il caso più clamoroso fu la persecuzione e poi l'incarcerazione di Pietro Giannone (perseguitato sia dall'Inquisizione romana sia dalle autorità secolari e morto a Torino nel 1744 dopo una lunga carcerazione). L'Inquisizione processò altresì filosofi (celebre fu il processo contro gli ateisti napoletani del 1688-1697) e massoni (di rilievo fu l'offensiva contro i massoni fiorentini la cui vittima più illustre fu Tommaso Crudeli, arrestato nel 1739).

Lo scontro con i governi riformatori: verso l'abolizione dei tribunali

Dalla metà del Settecento in poi la Chiesa romana subì in modo sempre più veemente la contestazione illuministica e l'Inquisizione ne fece le spese: l'attività delle sedi periferiche fu limitata dai governi riformatori, quindi iniziarono le soppressioni (talvolta non definitive).

Precoce fu il caso del Piemonte sabaudo. Il duca Vittorio Amedeo II di Savoia già nel 1698 emise un provvedimento di espulsione degli inquisitori, la cui conseguenza fu che dall'inizio del XVIII sec.

le sedi inquisitoriali piemontesi furono rette esclusivamente da vicari, con margini d'azione molto limitati.

Nel 1743 l'attività dell'Inquisizione di Firenze fu sospesa, ma riprese nel 1754; infine nel 1782 il Sant'Uffizio fu definitivamente soppresso nel Granducato di Toscana. Nel 1768 l'Inquisizione fu abolita nel ducato di Parma e Piacenza, ma vi fu reintrodotta nel 1780. Nel 1775 Maria Teresa d'Austria stabilì che i delegati locali dell'Inquisizione nello Stato di Milano non sarebbero più stati sostituiti alla loro morte, il che significò nel volgere di pochi anni la fine delle attività inquisitoriali. Nel 1782 anche l'Inquisizione di Mantova fu soppressa. Nel 1785 l'Inquisizione fu definitivamente abolita nel ducato di Modena e Reggio. A Modena, peraltro, negli ultimi decenni della sua storia, l'attività del tribunale era stata ancora intensa, così come a Siena e a Malta, mentre altrove essa andava verso un inesorabile declino. Negli anni novanta del XVIII sec. l'attività dell'Inquisizione nella Repubblica di Genova e nella Repubblica di Venezia era di fatto esaurita. A fare il resto ci pensò Napoleone, durante le sue campagne italiane.

La "rottura" napoleonica

Il periodo napoleonico rappresentò una rottura significativa. Alla fine di esso niente più restava della un tempo efficiente e temibile rete dei tribunali dell'Inquisizione romana. Le occupazioni francesi della Repubblica di Genova e della Repubblica di Venezia nel 1797 sancirono la fine definitiva dell'attività delle ormai decadenti sedi inquisitoriali presenti nelle due repubbliche: a Genova, con la proclamazione della repubblica democratica nel 1798, l'Inquisizione cessò di fatto di esistere, anche se non è noto quando avvenne l'abolizione formale; nella Repubblica di Venezia, invece, le sedi inquisitoriali furono formalmente abolite con specifici decreti tra il 1805 e il 1810. Lo sbarco di Napoleone sull'isola di Malta, nel giugno 1798, sancì egualmente la fine dell'Inquisizione maltese (formalmente abolita nel luglio 1798). Nel 1801 Napoleone si impadronì del ducato di Parma e Piacenza e poco dopo l'Inquisizione vi fu formalmente abolita.

Il Sant'Uffizio restava dunque operativo solo nello Stato della Chiesa. Nel Lazio, peraltro, l'Inquisizione non aveva mai operato attraverso giudici locali poiché da Roma la Congregazione del Sant'Uffizio poteva governare agevolmente la situazione.

L'unità d'Italia e la chiusura delle ultime sedi periferiche

Alla fine dell'epoca napoleonica come sedi periferiche del Sant'Uffizio erano rimaste in vita solo quelle nello Stato pontificio fuori dal Lazio. Queste cessarono di esistere nel 1860, con l'annessione dei territori pontifici, Lazio escluso, al neonato Regno d'Italia, proclamato nel 1861. Nel 1870, quindi, avveniva l'annessione di Roma e del Lazio all'Italia. Con la fine dello Stato della Chiesa la Congregazione del Sant'Uffizio perdeva definitivamente la sua rete giudiziaria territoriale.

La Congregazione del Sant'Uffizio: organi e funzioni

A cura di Daniele Santarelli

La Congregazione del Sant'Uffizio era presieduta dal pontefice ed i cardinali membri erano detti "cardinali inquisitori generali" (*cardinales generales inquisitores*). La prassi che si affermò prevedeva due riunioni della Congregazione a settimana, il mercoledì e il giovedì. Il papa assisteva solo a quest'ultima, riservata in genere alle questioni più importanti. In assenza del pontefice, era il *cardinalis antiquior* (il cardinale più anziano di nomina) a presiedere. La Congregazione, fondata nel 1542, fu a lungo dominata dal cardinale Gian Pietro Carafa, poi papa Paolo IV (1555-1559), che ne fece un potente strumento per combattere i suoi avversari in Curia, in particolare i cardinali "spirituali" Reginald Pole e Giovanni Morone. Lo stesso Paolo IV conferì a Michele Ghislieri (già commissario generale del Sant'Uffizio e creato cardinale il 15 maggio 1557) il titolo vitalizio di "inquisitor maior et perpetuus" (14 dicembre 1558), incarico che egli mantenne sino alla sua elezione papale col nome di Pio V (1566-1572). In seguito il titolo di "inquisitore maggiore" venne attribuito ai cardinali Scipione Rebiba (dal 1573 al 1577) e Giacomo Savelli (dal 1577 al 1587). Sotto il papato di Sisto V (1585-1590), che nel 1588 (bolla *Immensa Aeterni Dei*) ratificò la posizione di preminenza del Sant'Uffizio sopra tutte le altre congregazioni romane, fu istituito il ruolo del cardinale segretario della Congregazione, ricoperto da Giulio Antonio Santori fino alla sua morte avvenuta nel 1602. Nei suoi primi decenni di vita le competenze, la sfera d'azione e la composizione stessa della Congregazione vennero più volte ridefinite, in particolare negli anni dei papati di Paolo IV, Pio IV e Pio V e le dinamiche di inclusione ed esclusione dei membri furono particolarmente complicate e influenzate dall'orientamento del singolo pontefice. Una progressiva "stabilizzazione" si ebbe negli anni del papato di Gregorio XIII (1572-1585) fino alla ratifica di Sisto V del 1588, e infine grazie al segretariato del Santori.

Di seguito forniamo brevi informazioni descrittive sui principali ruoli ed organi interni alla Congregazione del Sant'Uffizio (con indicazioni su date di inizio e di fine attività), rinviando alle pagine *online* del "Dizionario di eretici, dissidenti e inquisitori nel mondo mediterraneo" (www.ereticopedia.org), in continuo aggiornamento e sviluppo, per maggiori dettagli, liste specifiche etc.

Cardinali inquisitori generali
Cardinali membri della Congregazione del Sant'Uffizio, nominati dal pontefice e che prestavano giuramento prima di assumere la carica.

Data inizio: 1542
Data fine: 1965

Per approfondire:
http://www.ereticopedia.org/cardinali-inquisitori-generali

Cardinale segretario del Sant'Uffizio
Cardinale ufficialmente incaricato di firmare la corrispondenza della Congregazione. Non coincideva necessariamente con il cardinale più anziano di nomina (*cardinalis antiquior*), al quale, e non al cardinale segretario, stava il compito di presiedere le sedute della Congregazione in assenza del papa.

Data inizio: 1587
Data fine: 1965

Per approfondire:
http://www.ereticopedia.org/cardinali-segretari-sant-uffizio

Consultori del Sant'Uffizio

Teologi e canonisti le cui competenze venivano ritenute tali da poter aiutare i cardinali inquisitori nel loro lavoro. Nominati dal papa (di solito su suggerimento di un cardinale inquisitore o del commissario generale), assumevano la funzione dopo apposito giuramento (così come i cardinali inquisitori e tutto il personale al servizio della Congregazione del Sant'Uffizio). Non avevano voto deliberativo, il quale spettava ai membri (cardinali) della Congregazione del Sant'Uffizio. Erano consultori di diritto il maestro del Sacro Palazzo e il maestro generale dell'ordine domenicano.

Data inizio: 1542
Data fine: 1965

Per approfondire:
http://www.ereticopedia.org/consultori-sant-uffizio

Assessore del Sant'Uffizio

L'assessore svolgeva una sorta di funzione di segretariato al servizio dei cardinali inquisitori. La funzione fu creata nel 1553, con la nomina di Giovanni Battista Bizzoni. L'assessore era in genere un prelato secolare, addottorato *in utroque iure*, spesso scelto tra chi già serviva la Congregazione come consultore.

Data inizio: 1553
Data fine: 1965

Per approfondire:
http://www.ereticopedia.org/assessore-sant-uffizio

Maestro del Sacro Palazzo

Teologo ufficiale del papa, la figura del maestro del Sacro Palazzo fu chiaramente definita nel XIV secolo e trae le sue origini dall'istituzione dell'università della Curia pontificia, il cui lettore di teologia era scelto tra gli uomini di fiducia del pontefice. Il primo a fregiarsi del titolo fu Raimondo Durando, cistercense francese (1343), ma la consuetudine impostasi in seguito fece sì che il Maestro del Sacro Palazzo fosse sempre membro dell'ordine domenicano (per di più la sua figura ebbe sempre più peso nelle questioni dottrinali e nella definizione dell'ortodossia cattolica). Con l'istituzione della Congregazione del Sant'Uffizio (1542), il maestro del Sacro Palazzo divenne consultore di diritto della stessa. Nel 1968 la carica fu riformata e ridenominata Teologo della Casa Pontificia.

Data inizio: 1343
Data fine: 1967

Per approfondire:
http://www.ereticopedia.org/maestro-sacro-palazzo

Commissario del Sant'Uffizio

Figura di rilievo, scelto tra i membri dell'ordine domenicano, le funzioni di questo importante ufficiale del Sant'Uffizio consistevano essenzialmente nel condurre i processi e gli interrogatori degli imputati e dei testimoni su mandato dei cardinali inquisitori e di supervisionare la corrispondenza, gestendo altresì i rapporti tra la Congregazione del Sant'Uffizio e i tribunali locali. Aveva competenze anche sulla censura teologica.

Data inizio: 1542
Data fine: 1965

Per approfondire:
http://www.ereticopedia.org/commissario-sant-uffizio

Socio del Commissario del Sant'Uffizio

Il commissario generale del Sant'Uffizio disponeva di un assistente (*socius*), anch'egli domenicano, che lo coadiuvava nelle sue funzioni. Il primo a svolgere questa funzione fu Arcangelo Bianchi, che entrò in servizio il 24 luglio 1551 come *socius* del commissario generale Michele Ghislieri (Bianchi fu poi lui stesso commissario generale, vescovo e cardinale). Non raramente i *socii*, in virtù dell'esperienza acquisita, diventavano poi loro stessi commissari generali o venivano destinati presso sedi inquisitoriali locali anche importanti. A partire dal XVII sec. venne introdotta anche la figura di un *secundus socius* del commissario generale.

Data inizio: 1551
Data fine: 1965

Per approfondire:
http://www.ereticopedia.org/socio-commissario-sant-uffizio

Fiscale del Sant'Uffizio

Formulava i capi d'accusa e su tali basi conduceva l'interrogatorio dell'inquisito, richiedendo per lui le pene adeguate ai crimini commessi; non aveva poteri decisionali, riservati ai membri della Congregazione del Sant'Uffizio.

Data inizio: 1542
Data fine: 1965

Per approfondire:
http://www.ereticopedia.org/fiscale-sant-uffizio

Advocatus reorum del Sant'Uffizio

L'*advocatus reorum* della Congregazione del Sant'Uffizio assicurava la difesa d'ufficio del soggetto incriminato. Faceva in un certo senso da contraltare al fiscale, che rappresentava l'accusa, ma aveva prerogative del tutto inferiori a questi e rappresentava comunque il punto di vista della Congregazione, di cui era un consultore.

Data inizio: 1552
Data fine: 1965

Per approfondire:
http://www.ereticopedia.org/advocatus-reorum-sant-uffizio

Notaio del Sant'Uffizio

Il notaio della Congregazione del Sant'Uffizio era un funzionario incaricato di redigere (in latino) i verbali dei processi e tutti gli atti del tribunale romano. Nei primi decenni di vita della Congregazione fu sempre un laico, a partire dal Seicento si impose la consuetudine di nominare un capo notaio ecclesiastico assistito da consulenti laici. Nel XVI sec. i notai del Sant'Uffizio romano furono Sano Perelli, Claudio de Valle e Flaminio Adriani, tutti e tre giureconsulti laici. La figura del notaio esisteva anche nei tribunali periferici (ma si solito si trattava del notaio al servizio della Curia vescovile che svolgeva anche il ruolo di notaio del tribunale inquisitoriale locale).

Data inizio: 1542
Data fine: 1965

Per approfondire:
http://www.ereticopedia.org/notaio-sant-uffizio

Segretario del Sant'Uffizio

La funzione di segretario della Congregazione del Sant'Uffizio (*Secretarius S. Officii*), che non va confusa con quella, ben più rilevante, di cardinale segretario del Sant'Uffizio, fu introdotta negli ultimi anni del XVI sec. e si stabilizzò nel corso del XVII sec. Nella sostanza questo segretario svolgeva la funzione di "estensore delle lettere, paragonabile a un minutante" [Schwedt 2017, p. 661]. Il primo segretario noto è stato Girolamo Foschi, che era anche segretario del cardinale Giulio Antonio Santori.

Data inizio: fine XVI sec.
Data fine: 1965

Per approfondire:
http://www.ereticopedia.org/segretario-sant-uffizio

Sommista del Sant'Uffizio

Il sommista della Congregazione del Sant'Uffizio collaborava strettamente con l'assessore, redigendo i sommari delle cause in svolgimento presso il tribunale e registrando i voti dei consultori. Il primo sommista del Sant'Uffizio di cui si ha notizia è stato Camillo de' Giudici, che svolse l'incarico dal 1607 al 1636, servendosi anche di assistenti.

Data inizio: 1607
Data fine: 1965

Per approfondire:
http://www.ereticopedia.org/sommista-sant-uffizio

Qualificatori del Sant'Uffizio

L'incarico di qualificatore era affidato a teologi esperti, che valutavano le proposizioni degli imputati, qualificandole secondo il tipo di reato.

Data inizio: inizio XVII sec.
Data fine: 1965

Per approfondire:
http://www.ereticopedia.org/qualificatori-sant-uffizio

L'Inquisizione romana e i suoi tribunali locali: cronotassi degli Inquisitori

A cura di Luca Al Sabbagh, Daniele Santarelli, Herman H. Schwedt, Domizia Weber

Si pubblicano di seguito le cronotassi degli Inquisitori delle sedi locali dell'Inquisizione romana in età moderna (a partire dal 1500 ca., mentre l'età napoleonica costituisce il *terminus ad quem*). Per ogni sede inquisitoriale sono indicate le date di inizio e fine attività. Note specifiche integrano l'informazione laddove necessario. Le incertezze nelle datazioni sono evidenziate opportunamente nel testo.

L'intento è di fornire uno strumento agile e di facile consultazione, che si affianchi alle schede già presenti *online* nel "Dizionario di eretici, dissidenti e inquisitori nel mondo mediterraneo", ospitato sul sito internet Ereticopedia (www.ereticopedia.org), alle quali si rimanda puntualmente per maggiori dettagli.

Questo strumento si presta ad un duplice uso: se consultato in forma digitale e *online*, si integra con le pagine del sito Ereticopedia, che di fatto fungono da sua "espansione", in continuo sviluppo ed aggiornamento, peraltro; se consultato in forma cartacea, svolge la funzione di pratico repertorio ad uso degli studiosi, che, pur *offline*, possono comunque "navigare" tra le sedi inquisitoriali alla ricerca delle informazioni di loro interesse.

Adria-Rovigo

Data inizio: 1547
Data fine: inizio XIX sec.

Notizie storiche:
http://www.ereticopedia.org/sede-inquisitoriale-adria-rovigo

Lista degli Inquisitori:

Girolamo Fanti da Lendinara OFMConv (1547-1551)
Accursio Bettis Sammartini da Belluno OFMConv (1551-1558)
Cornelio Divo da Venezia OFMConv (1558-1559)
Matteo Micheli da Bergamo OFMConv (1559)
Sebastiano Delio da Castel Durante OFMConv (1559-1562/63)
Giulio Cortivo da Padova OFMConv (1561/62-1563)
Massimiliano Beniami da Crema OFMConv (1563-1567)
Pietro Martire Frachetti da Rovigo OP (1569-1590)
Teofilo Borgondio da Rovigo OFMConv (1590-1591)
Lorenzo Valmarana da Vicenza OFMConv (1591-1605)
Guido Bartolucci da Assisi OFMConv (1605-1610)
Agostino Lachini da Osimo OFMConv (1610-1618)
Francesco Pacifici da Montegranaro OFMConv (1618-1636)
Remigio Magnavacca da Monte San Pietro OFMConv (1636)
Francesco Sertorio da Castelfidardo OFMConv (1636-1645)
Bonaventura de Battisti da Fano OFMConv (1645-1652)
Francesco Angelo Capranica da Amatrice OFMConv (1652-1654)
Pietro Martire Rusca da Lugano OFMConv (1654-1655)
Emilio Tensini da Crema OFMConv (1655-1656)
Francesco Rambalducci da Verrucchio OFMConv (1656-1658)
Carlo Antonio Bellagranda da Ferrara OFMConv (1658-1661)
Agostino Giorgi da Bologna OFMConv (1661-1663)

Oliviero Tieghi da Ferrara OFMConv (1663-1668)
Francesco Arnazzani daArgenta OFMConv (1668)
Antonio Dall'Occhio da Ferrara OFMConv (1668-1674)
Giovanni Paolo Giulianetti da Firenze OFMConv (1674-1678)
Serafino Gottarelli da Castel Bolognese OFMConv (1679-1680)
Francesco Antonio Francati da Rovigo OFMConv (1680-1691)
Camillo Ronchi da Valcamonica OFMConv (1691-1693)
Giacomo Monti da Bologna OFMConv (1693-1701)
Giovanni Pellegrino Galassi da Bologna OFMConv (1701-1704)
Antonio Girolamo Cagnacci da Piano OFMConv (1704-1706)
Mauro Andreozzini da Roma OFMConv (1706-1710)
Bonaventura Zudoli da Bologna OFMConv (1710-1712)
Carlo Antonio Panni da Cremona OFMConv *vicario generale* (1712-1716)
Antonio Maria Piazzola da Venezia OFMConv (1716-1723)
Costantino Pazzaglia da Rimini OFMConv (1723-1727)
Giovanni Battista Rubana da Portogruaro OFMConv (1727-1737)
Giovanni Battista Rossi da San Giovanni in Persiceto OFMConv (1737-1738)
Carlippolito Baratti da Rovigo OFMConv (1738-1746)
Francesco Antonio Benoffi da Pesaro OFMConv (1746-1750)
Carlo Giacinto Scarponi da Rimini OFMConv (1750-1753)
Felice Giro da Padova OFMConv (1753-1767)
Giulio Antonio Sangallo da Conegliano OFMConv (1767-1780)
Tommaso Turretta da Rovigo OFMConv (1780-1797)

Alessandria

Data inizio: XIII sec.
Data fine: 1799

Notizie storiche:
http://www.ereticopedia.org/sede-inquisitoriale-alessandria

Lista degli inquisitori:

Benedetto di Ruginenti di Rivalta OP (1502-1518)
Gian Maria Inviziati da Alessandria OP (1518-1519)
Tommaso Lunati da Annona OP (1520-1546)
Giovanni Michele Castellani da Alessandria OP (1546-1563)
Vincenzo Pecora da Milano OP (1564-1573)
Giovanni Battista Porcelli da Albenga OP (1573-1591)
Onorato Lissio da Milano OP (1591-1593)
Marcantonio Reposi da Alessandria OP (1593-1598)
Michele Cruceo da Alessandria OP (1598-1602)
Camillo Balliani da Milano OP (1603-1606)
Basilio della Porta da Novara OP (1606-1623)
Domenico Castiglione da Milano OP (1623-1643)
Vincenzo Salmoiraghi da Milano OP (1643-1662)
Giuseppe Maria Visconti da Milano OP (1662-1668)
Pietro Figini da Milano OP (1668-1680)
Carlo Maria Arconati da Milano OP (1680)
Carlo Girolamo Bizozero OP (1680-1692)
Vincenzo Morelli da Albenga OP (1692-1709)[1]

---

[1] Vincenzo Morelli fu l'ultimo a governare il tribunale col titolo di Inquisitore. Dopo di lui e fino alla soppressione dell'Inquisizione in Piemonte (1799) si succedettero alla sede inquisitoriale di Alessandria solo vicari generali. Dal 1711 al 1730 tale ruolo fu svolto da Domenico Francesco Muzio, autore di una *Tabula*

Antonio Maria Trotti OP *vicario generale* (1709-1711)
Domenico Francesco Muzio OP, *vicario generale* (1711-1730)
Giuseppe Maria Notaris da Intra OP, *vicario generale* (1730-1734)
Giacomo Francesco Ferrari da Solero OP, *vicario generale* (1734-1755)
Gian Antonio Buissoni da Milano OP, *vicario generale* (1756-1785)

---

chronologica inquisitorum Italiae et insularum adiacentium ex Ordine praedicatorum, con-servata manoscritta presso la Biblioteca civica di Alessandria (ms. 67) ed aggiornata al 1730 circa, che rappresenta una fonte di primo piano per ricostruire le biografie degli inquisitori domenicani operanti nelle varie sedi inquisitoriali dislocate nella penisola italiana ed aree limitrofe a partire, in molti casi, dai primordi dell'Inquisizione nel Basso Medioevo.

Ancona

Data inizio: 1553[1]
Data fine: 1860

Notizie storiche:
http://www.ereticopedia.org/sede-inquisitoriale-ancona

Lista degli Inquisitori:

Commissari:

Tommaso Vio da Gaeta OP (1553)
Innocenzo Morandi da Modena OP (1555)
Giovanni Vincenzo Falangonio (1555)
Vincenzo Cisoni da Lugo OP (1558)

Inquisitori:

Matteo Grassi da Cattaro OFMConv (1565-1566)
Giovan Battista de Vandis di Faenza OFMConv (1566)
Michele da Asti OP (1566-1569)
Nicola Rossi da Ancona OP (1569-1579)
Paolo Molaschi da Lodi OP (1579-1580)
Alessandro Eustachi da Vigevano OP (1580-1588)
Nicola Rossi da Ancona OP (1588-1598)
Stefano de Vicariis da Garessio OP (1598-1602)

---

[1] Il primo nome di inquisitore residente ad Ancona risale al 1553 (Tommaso Vio da Gaeta, in qualità di commissario dell'Inquisizione). La sede inquisitoriale di Ancona si stabilizzò a partire dal 1565: dopo una breve parentesi con due inquisitori appartenenti all'ordine dei minori conventuali, la sede fu governata da inquisitori domenicani fino alla sua dissoluzione.

Serafino Secchi da Pavia OP (1602-1605)
Giovanni Paolo Nazario da Cremona OP (1605-1607)
Eliseo Masini da Bologna OP (1607-1608)
Arcangelo Calbetti da Recanati OP (1608-1611)
Giovanni Maria Fiorini da Bologna OP (1611-1614)
Angelo Bucci da Vigevano OP (1614-1615)
Innocenzo Pio Giovannini da Bologna OP (1615-1624)
Agostino Petretti da Reggio OP (1624-1625)
Michele Sassi da Taggia OP (1625-1634)
Paolo Egidio Tramezzini da Como OP (1634-1639)
Agostino Cermelli da Alessandria OP (1639-1643)
Michele Sassi da Taggia OP (1643-1645)
Agostino Cermelli da Alessandria OP (1645-1647)
Giovanni Vincenzo Paolini da Garessio OP (1647-1652)
Pietro Maria Zanardi da Bergamo OP (1653-1671)
Giacinto Maria Granara da Genova OP (1671-1673)
Alberto Solimano da Genova OP (1673-1679)
Paolo Girolamo Giacconi da Garessio OP (1679-1681)
Tommaso Menghini da Albacina OP (1681-1685)
Cipriano Minuti da Cremona OP (1685-1698)
Antonio Leoni da Padova OP (1698-1705)
Giovanni Battista Sambaldi da Savona OP (1705)[1]
Vincenzo Maria Ferrero da Nizza OP (1705-1712)
Tommaso Domenico Bacigalupi da Piacenza OP (1712-1718)
Felice Maria Lazzaroni da Ancona OP (1718-1737)
Dionigi Bellingeri da Pavia OP (1737-1750)
Giuseppe Ignazio Zabberoni da Ravenna OP (1750-post 1761)
Virginio Pasquini OP (?-1766)
Tommaso Lorenzo Matteucci da Fermo OP (1766-1788)
Vincenzo Maria Alisani da Bergamo OP (1788)
Pietro Martire Rossi da Cremona OP (1789-1793)
Vincenzo Maria Mambelli da Roma OP (1802)

---

[1] Nominato, ma non assume l'incarico.

Aquileia e Concordia (Udine)

Data inizio: 1575[1]
Data fine: 1806

Notizie storiche:
http://www.ereticopedia.org/sede-inquisitoriale-aquileia

Lista degli Inquisitori:

Inquisitori di Aquileia:

Bonaventura Farinerio da Castelfranco OFMConv (1556-1559)
Bonaventura Manento da Gabbiano OFMConv (1559)
[Francesco Sporeno da Udine OFMConv, *vice Inquisitore*, 1560-1570]
Andrea Bergamin da Vicenza OFMConv (1561-1563)
Francesco Zuccarino da Verona OFMConv (1563-1564)
Giulio Columberto da Assisi OFMConv (1566-1574)

Inquisitori di Concordia:

Valentino de Cristianis da Cingoli OFMConv (1559)

---

[1] L'Inquisizione di Aquileia e Concordia fu istituita nel gennaio 1575, risultato della fusione delle "moderne" sedi inquisitoriali di Aquileia (attiva dal 1556; l'inquisitore risiedeva a Udine) e di Concordia (attiva dal 1558; l'inquisitore risiedeva a Cividale). Va altresì ricordato che nel 1558 Giacomo Maracco, vicario del patriarca di Aquileia (dal 1557), assunse l'incarico speciale di commissario dell'Inquisizione nel Patriarcato, pertanto fino alla morte di Maracco, avvenuta nel 1576) ci fu una sorta di coabitazione nella gestione del potere inquisitoriale tra il vicario patriarcale e l'inquisitore.

Francesco Pinzino da Portogruaro OFMConv (*vice Inquisitore*, 1558, poi *Inquisitore*, 1559-1567)
Angelo Grado da Venezia OFMConv (1568-1574)

Inquisitori di Aquileia e Concordia:

Giulio Columberto da Assisi OFMConv (1575-1579)
Felice Passeri da Montefalco OFMConv (1579-1584)
Evangelista Pelleo da Force OFMConv (1584-1586)
Giovanni Battista Angelucci da Perugia OFMConv (1587-1598)
Girolamo Asteo da Pordenone OFMConv (1598-1608)
Ignazio Pino da Cagli OFMConv (1608-1613)
Domenico Vico da Osimo OFMConv (1614-1629)
Bartolomeo Procaccioli da Terni OFMConv (1629-1635)
Lodovico Sillani da Gualdo OFMConv (1636-1645)
Lodovico Zacchei da Sezze OFMConv (1644-1645)
Giulio Missini da Orvieto OFMConv (1645-1653)
Girolamo Baroni da Lugo OFMConv (1653-1655)
Bonaventura Riva da Ferrara OFMConv (1654-1658)
Emilio Tensini da Crema OFMConv (1658)[1]
Giovanni Angeli da Lucignano OFMConv (1659)[2]
Angelo Gherardini da Ravenna OFMConv (1659-1663)
Carlo Antonio Bellagranda da Ferrara OFMConv (1663-1668)
Oliviero Tieghi da Ferrara OFMConv (1668-1674)
Agostino Giorgi da Bologna OFMConv (1674-1677)
Antonio Dall'Occhio da Ferrara OFMConv (1677-1692)
Giovanni Paolo Giulianetti da Firenze OFMConv (1692-1704)
Giovanni Antonio Angeli da Bologna OFMConv (1704-1724)
Giovanni Michele Vergari da Gubbio OFMConv (1707)[3]
Giovanni Pellegrino Galassi da Bologna OFMConv (1724-1727)

---

[1] Nominato, ma non si insediò.
[2] Nominato, ma non si insediò.
[3] Ma trasferito a Treviso nello stesso anno in favore di Giovanni Antonio Angeli.

Antonio Maria Piazzola da Venezia OFMConv (1727-1730)
Marcantonio Crivelli da Assisi OFMConv (1730-1746)
Carlo Ippolito Baratti da Rovigo OFMConv (1746-1750)
Francesco Antonio Benoffi da Pesaro OFMConv (1750-1766)
Felice Giro da Padova OFMConv (1767-1784)
Girolamo Maria Zanettini da Cividale OFMConv (1784-1787)
Giangirolamo Agapito da Capodistria OFMConv (1787)
Francesco Ponte da Polcenigo OFMConv (1788-1800)
Girolamo Maria Zanettini da Cividale OFMConv (1802-1806)

Asti

Data inizio: XIII sec.
Data fine: 1799[1]

Notizie storiche:
http://www.ereticopedia.org/sede-inquisitoriale-asti

Lista degli Inquisitori:

Biagio degli Imperiati da Asti OP (1500-1501)
Paolo Asinari da Asti OP (1501-1532?)
Teobaldo OP (1532-1544?)
Filippo Dusini OP (1544-1556?)
Domenico della Rovere da Asti OP (1556-1569)
Girolamo Carretti da Asti OP (1569-1588)
Giovanni Battista Porcelli da Albenga OP (1588-1612)
Girolamo Rebioli da Villafranca OP (1613-1628)
Pietro Martire Dulcetti da San Severino OP (1628-1630)
Giovanni Battista Balbi da Torino OP (1631-1645)
Augusto Felici da Giaveno OP (1645-1665)
Domenico Casti da Asti OP (1665-1667)
Vincenzo Maria Ferrero da Mondovì OP (1667-1670)
Camillo de Re da Agliano OP (1670-1673)
Pietro Martire Rossi da Fossano OP (1673-1675)
Cesare Girolamo Greppi da Mondovì OP (1675-1682)
Domenico Giacinto Ferrero da Mondovì OP (1682-1699)

---

[1] Il tribunale di Asti era ormai quasi inattivo ad inizio Settecento, allorché era governato non più da un Inquisitore ma da un vicario generale, Giacomo Bonati da Firenze (in funzione dal 1698 al 1714). Altri vicari si succedettero fino alla soppressione dell'Inquisizione in Piemonte (1799).

Giacomo Bonati da Firenze OP, *vicario generale* (1699-1713)
Giovanni Carlo Bordini OP, *vicario generale* (1713-?)
Giovanni Martire Visconti OP, *vicario generale* (1720-?)
Tommaso Vincenzo Ansaldi OP, *vicario generale* (1777-?)

Avignone

Data inizio: 1540[1]
Data fine: 1790

Notizie storiche:
http://www.ereticopedia.org/sede-inquisitoriale-avignone

Lista degli Inquisitori:

Bernard Bérard d'Arles OP (1541-1571)
Jean Flour da Provins OP (1571-1589)
Louis de Vervins OP (1590-1601)
Étienne Lemaire da Marsiglia OP (1601-1607)
Sébastien Michaëlis OP (1607-1611)
Claude Dubel OP (1611-1615)
Antonio Febeo da Orvieto OP (1615)[2]
Jacques Villate OP (1617/20/22-1624)
Pierre Dambruc OP (1624-1632)
Jean Pierre Ferrand da Narbona OP (1632-1651)
Pierre Dufour OP (1651-1658)
Jean Icard da Tolosa OP (1658-1674)
Jean Henri de Pérussis OP (1674-1680)

---

[1] L'Inquisizione fece la sua comparsa in Francia all'inizio del XIII secolo, nel quadro della persecuzione degli albigesi. Dal 1305 al 1377 Avignone, sede papale, fu il bastione del cattolicesimo in Francia. Dopo il ritorno della Curia a Roma, la potestà inquisitoriale fu esercitata dal legato apostolico. La stabilizzazione della sede inquisitoriale di Avignone si ebbe a partire dal 1530, nel quadro della diffusione della Riforma protestante in Francia e della sua repressione. L'introduzione di un Inquisitore stabile per Avignone e il Contado Venassino fu sollecitata da un breve del 1539 di Paolo III.

[2] Nominato nel 1615, non è certo se si sia insediato.

Jérôme de Grasse OP (1681-1695)
Jean Henri de Pérussis OP (1695-1697)
Pierre Lacrampé OP (1697-1713)
Bernard d'Albert OP (1713-1735)
Nicolas Bremond da Avignone OP (1735-1743)
Hyacinthe de Sainte-Croix da Carpentras OP (1743-1753)
Jean-Baptiste Mabil da Nizza OP (1753-1790)

Belluno

Data inizio: 1546
Data fine: 1806

Notizie storiche:
http://www.ereticopedia.org/sede-inquisitoriale-belluno

Lista degli Inquisitori:

Domenico Fortunato da Belluno OFMConv (1546-1562?)
Mario Alpago da Belluno OFMConv (1562-1564)
Bonaventura Maresio da Belluno OFMConv (1566-1583)
Evangelista Pelleo da Force OFMConv (1583-1584)
Bonaventura Maresio da Belluno OFMConv (1584-1609)
Vincenzo Filoteo da Mondavio OFMConv (1609-1613)
Giovanni Battista Chiodini da Monte Melone OFMConv (1613-1619)
Tiberio Sinibaldi da Monte Novo OFMConv (1619-1625)
Antonio Vercelli da Lendinara OFMConv (1626-1627)
Bonaventura Peronetti da Vicenza OFMConv (1627-1629)
Bernardino Senesi da Lucignano OFMConv (1629-1635)
Giovanni Tommaso Margotti da Lugo OFMConv (1635-1640)
Guglielmo Granaioni da Bologna OFMConv (1640-1642)
Giacomo Cima da Sezze OFMConv (1642-1645)
Francesco Cimignano da Viterbo OFMConv (1646-1650)
Girolamo Baroni da Lugo OFMConv (1650-1653)
Bonaventura Riva da Ferrara OFMConv (1654-1655)
Giovanni Pellei da Radicofani OFMConv (1655-1655)
Francesco Colli da Bologna OFMConv (1655-1658)
Agostino Giorgi da Bologna OFMConv (1658-1661)
Oliviero Tieghi da Ferrara OFMConv (1661-1663)

Modesto Paoletti da Vignanello OFMConv (1663-1670)
Iacopo Tosini da Castiglione Fiorentino OFMConv (1670-1674)
Cornelio Navarra da Ferrara OFMConv (1674-1677)
Domenico Mengacci da Bagnocavallo OFMConv (1677)
Giovanni Paolo Giulianetti da Firenze OFMConv (1678-1679)
Domenico Mengacci da Bagnocavallo OFMConv (1679-1688)
Francesco Maria Lucidi da Montalto OFMConv (1688-1693)
Giovanni Antonio Angeli da Bologna OFMConv (1693-1702)
Francesco Maria Lucidi da Montalto OFMConv (1702-1704)
Giovanni Pellegrino Galassi da Bologna OFMConv (1704-1706)
Lorenzo Antonio Bragaldi da Castel Bolognese OFMConv (1706-1713)
Paolo Ambrogio Ambrogi da Serra San Quirico OFMConv (1713-1716)
Bonaventura Antici da Camerino OFMConv (1716-1723)
Antonio Maria Piazzola da Venezia OFMConv (1723-1725)
Bernardo Bernardi da Bologna OFMConv (1725-1730)
Francesco Tonnini da Monte San Vito OFMConv (1730-1733)
Paolo Antonio Agelli da Forlì OFMConv (1733-1737)
Francesco Antonio Mantoa da Vicenza OFMConv (1737-1738)
Giovanni Battista Rossi da San Giovanni in Persiceto OFMConv (1738-1739)
Giuseppe Antonio Maria Boschi da Bologna OFMConv (1739-1746)
Girolamo Antonio Faleri OFMConv (1747-1753)
Carlo Giacinto Scarponi da Rimini OFMConv (1753-1764)
Francesco Frigimelica da Padova OFMConv (1764-1783)
Girolamo Maria Zanettini da Cividale OFMConv (1784)
Francesco Antonio Mimiola OFMConv (1784-1788)
Damiano Miari OFMConv (1788-1804)

Bergamo

Data inizio: 1476[1]
Data fine: inizio XIX sec.

Notizie storiche:
http://www.ereticopedia.org/sede-inquisitoriale-bergamo

Lista degli Inquisitori:

Agostino Maggio da Pavia OP (1499-1506)
Antonio Natta da Casale OP (1506-1508)
Giovanni Battista Gratarola da Bergamo OP (1508-1512)
Giorgio Cacatossici da Casale OP (1512-1520)
Antonio Passerini da Bergamo OP (1520-1523)
Giovanni Ceresoli da Bergamo OP (1523-1530)
Damiano da Bergamo OP (1530-1535)
Giovanni de Consoli da Bergamo OP (1535-1536)
Domenico Adelasio da Bergamo OP (1536-1554)
Domenico Mangili de Caprino OP (1555-1556)
Ludovico Bresciani da Lovere OP (1556-1564)
Paolo Oberti da Serina OP (1564-1565)
Agostino Terzio da Bergamo OP (1565-1568)
Aurelio Odasio da Martinengo OP (1568-1575)
Angelo Avvocati da Brescia OP (1575-1580)
Nicola Gionchi da Bertinoro OP (1580-1584)
Sante Riva da Genova OP (1584-1586)
Domenico Villa da Lodi OP (1586-1592?)

---

[1] La presenza stabile di un Inquisitore di Bergamo risulta attestata dagli ultimi decenni del XV secolo. Nel 1476 Giovanni da Gandino fu nominato Inquisitore di Bergamo dal maestro generale dell'ordine domenicano Leonardo Mansueti.

Vincenzo Fantuzzi da Bologna OP (1592-1595)
Pio da Lugo OP (1596-1607)
Michele de Natali da Finale OP (1607-1608)
Silvestro Ugolotti da Castiglione OP (1609-1616)
Benedetto Rota da Mantova OP (1616-1617)
Arcangelo Calbetti da Recanati OP (1617-1619)
Agostino Petretti da Reggio OP (1620-1624)
Girolamo Zappeti da Quinzano OP (1624-1625)
Paolo Bremasi da Ferrara OP (1626-1627)
Benedetto da Oriano OP (1627-1628)
Isidoro da Cignano OP (1629-1633)
Giovanni Battista Raimondi da Gavardo OP (1633-1647)
Giovanni Ludovico Bona da Venezia OP (1647-1651)
Vincenzo Maria Rivali da Bologna OP (1651-1662)
Serafino Bonamelli da Mantova OP (1662-1663)
Sisto Cerchi da Bologna OP (1663-1665)
Vincenzo Serafini da Monte San Vito OP (1665-1666)
Angelo Giuliani da Mercato Saraceno OP (1667-1670)
Ippolito Maria Martinelli da Sestola OP (1671-1672)
Giovanni Domenico Bertacci da Cingoli OP (1672-1679)
Giovanni Carlo Falconi da Fermo OP (1679-1680)
Paolo Girolamo Moretti da Forlì OP (1680-1682)
Ludovico Giordano Castelli da Milano OP (1682-1684)
Giuseppe Maria Grizio da Jesi OP (1684-1693)
Giovanni Battista Pichi da Ancona OP (1693-1695)
Giovanni Domenico Accorsi da Ferrara OP (1695-1701)
Vincenzo Gentili da Macerata OP (1701-1704)
Tommaso Canossa da Reggio OP (1704-1714)
Consalvo Pio Corradi da Ascoli OP (1714-1719)
Tommaso Maria de Angelis da Jesi OP (1719-1724)
Pio Enrico Martinengo da Brescia OP (1724-1743)
Andrea Bonfabio da Brescia OP (1743-1755)
Angelo Tommaso Gattelli da Argenta OP (1755-1759)
Vincenzo Maria Panciera da Venezia OP (1759-1760)

Girolamo Taffelli da Verona OP (1760?-1765)
Angelo Maria Sonzogni OP (1767?-?)
Carlo Domenico Bandieri OP (1779-1781)
Serafino Bonaldi da Verona OP (1784)
Girolamo Alberico Rosciati da Bergamo OP (1789-1790)

Bologna

Data inizio: XIII sec.
Data fine: 1860

Notizie storiche:
http://www.ereticopedia.org/sede-inquisitoriale-bologna

Giovanni Cagnazzo da Taggia OP (1494-1513)
Girolamo Fantoni da Vigevano OP (1513-1517)
Eustachio Piazzesi da Bologna OP (1517-1519)
Francesco Silvestri da Ferrara OP (1519-1525)
Stefano Foscarari da Bologna OP (1526-1543)
Tommaso Maria Beccadelli da Bologna OP (1543-1548)
Girolamo Muzzarelli da Bologna OP (1548-1549)
Leandro Alberti da Bologna OP (1550-1552)
Reginaldo Nerli da Mantova OP (1552-1554)
Eustachio Locatelli da Bologna OP (1554-1560)
Antonio Balducci da Forlì OP (1560-1572)
Innocenzo Morandi da Modena OP (1572-1574)
Angelo Mirabino da Faenza OP (1573-1574)
Aurelio Odasio da Martinengo OP (1574-1578)
Eliseo Capis da Venezia OP (1578-1585)
Giovanni Antonio Spadini da Foiano OP (1585-1598)
Stefano Guaraldi da Cento OP (1598-1600)
Pietro Martire Festi da Orzinuovi OP (1600-1602)
Tommaso Istriani da Pesaro OP (1602-1606)
Paolo de Vicariis da Garessio OP (1606-1643)
Prospero Bagarotti da Fiorenzuola OP (1643-1647)
Vincenzo Preti da Serravalle OP (1647-1650)
Pietro Maria Passerini da Sestola OP (1650-1651)
Guglielmo Fuochi da Moncalvo OP (1652-1660)

Giovanni Vincenzo Paolini da Garessio OP (1660-1669)
Sisto Cerchi da Bologna OP (1669)
Michele Pio Passi OP (1670-1674)
Sisto Cerchi da Bologna OP (1674-1679)
Tommaso Mazza da Forlì OP (1679-1681)
Paolo Girolamo Giacconi da Garessio OP (1681-1695)
Pio Felice Cappasanta da Vicenza OP (1695-1705)
Antonio Leoni da Padova OP (1705-1710)
Giordano Vignali da Bologna OP (1710-1718)
Vincenzo Maria Mazzoleni da Bergamo OP (1718-1727)
Paolo Girolamo Gallarate da Milano OP (1728-1730)
Giuseppe Luigi de Andujar da Como OP (1730-1737)
Bonaventura Maria Grossi sr. da Savona OP (1737-1739)
Tommaso Maria de Angelis da Jesi OP (1739-1768)
Pietro Paolo Salvatori da Fermo OP (1768-1785)
Tommaso Vincenzo Pani da Rimini OP (1785-1789)
Vincenzo Ludovico Pavoni da Brescia OP (1789-1792)
Vincenzo Maria Alisani da Bergamo OP (1792-1796)

Brescia

Data inizio: 1375
Data fine: inizio XIX sec.

Notizie storiche:
http://www.ereticopedia.org/sede-inquisitoriale-brescia

Lista degli Inquisitori:

Apollonio da Gavardo OP (1499-1502)
Andrea Porcellaga da Brescia OP (1502-1508)
Silvestro Mazzolini da Priero OP (1508-1511)
Giorgio Cacatossici da Casale OP (1511-1515)
Giovanni da Soncino OP (1515-1516)
Girolamo da Lodi OP (1518-1525)
Pietro Cattanei da Provaglio OP (1525-1530)
Donato da Brescia OP (1530-1539)
Domenico Marchetti da Castenedolo OP (1539-1541)
Pietro Martire Sangervasi da Brescia OP (1542)
Stefano Conforti da Brescia OP (1543-1560?)
Aurelio Schilino da Brescia OP (1560-1569)
Tommaso Zobbia da Brescia OP (1569-1577)
Domenico Buzzardi da Travagliato OP (1577-1578)
Gervasio da Guidizzolo OP (1578-1581)
Vincenzo Busiatti da Montesanto OP (1581-1582)
Cipriano Crescentino da Lugo OP (1582-1586)
Giovanni Battista Penna da Finale OP (1586-1592)
Domenico Villa da Lodi OP (1592?-1593)
Agostino Galamini da Brisighella OP (1593-1595)
Paolo Pagliari da Capriata OP (1595-1601)
Francesco Petrasanta da Rivalta OP (1601-1625)

Silvestro Ugolotti da Castiglione OP (1625-1629)
Tommaso da Argenta OP (1629-1630)
Girolamo Zappeti da Quinzano OP (1632-1639)
Clemente Riccetti da Iseo OP (1639-1647)
Piero Martire Bonacci da Rezzato OP (1647-1652)
Vincenzo Maria Cimarelli da Corinaldo OP (1652-1660)
Vincenzo Maria Rivali da Bologna OP (1662-1665)
Sisto Cerchi da Bologna OP (1665-1666)
Giovanni Battista Righi dall'Amandola OP (1666-1670)
Desiderio Muri da Vicenza OP (1671-1674)
Angelo Giuliani da Mercato Saraceno OP (1674-1679)
Giovanni Domenico Bertucci da Cingoli OP (1679-1682)
Antonio Cecotti da Cotignola OP (1682-1695)
Giovanni Battista Pichi da Ancona OP (1695-1699)
Giuseppe Maria Tabaglio da Piacenza OP (1699-1701)
Raimondo Fulminissi da Rotella OP (1701-1706)
Giovanni Domenico Accorsi da Ferrara OP (1706)
Tommaso Antonio Manganoni da Bergamo OP (1706-1723)
Giacinto Pio Sarli da Ascoli OP (1723-1724)
Tommaso Maria de Angelis da Jesi OP (1724-1739)
Pietro Antonio Bargioni da Forlì OP (1739-1740)
Giacinto Antonio Biondi da Lugo OP (1740-1743)
Girolamo Giacinto Maria Medolago da Bergamo OP (1744-1744)
Lauro Maria Piccinelli da Brescia OP (1744-1746)
Giacinto Maria Marini da Fabriano OP (1746-1755)
Andrea Bonfabio da Brescia OP (1755-1759)
Angelo Tommaso Gattelli da Argenta OP (1759-1764)
Raimondo Petrelli da Ascoli OP (1766-1782)
Carlo Domenico Bandieri OP (1782-1793)

Capodistria

Data inizio: 1558[1]
Data fine: 1806

Notizie storiche:
http://www.ereticopedia.org/sede-inquisitoriale-capodistria

Lista degli Inquisitori:

Annibale Grisonio CR, *commissario apostolico in Istria* (1547-1549, 1558-1559)
Francesco Rosella da Ascoli OFMConv, *vicario dell'Inquisitore di Venezia nella diocesi di Capodistria* (1558-1559)
Fermo Olmi da Venezia OFMConv (1559-1565)
Nicola Definito da Sebenico OFMConv (1565-?)
Francesco da Cattaro OFMConv (1578-1582?)
Giovanni Borisco da Sebenico OFMConv (1583-1586)
Federico [Fermo?] Olmi da Venezia OFMConv (1586-1590)
Antonio Cancelli da Tolentino OFMConv (1591-1601)
Francesco Maria Castellani da Tossignano OFMConv (1602-1607)
Cesare Migliani da Ravenna OFMConv (1608-1612)
Domenico Vico da Osimo OFMConv (1612-1614)
Giovanni Battista Alabardi da Treviso OFMConv (1614-1615)
Gregorio Dionigi da Cagli OFMConv (1615-1636)
Francesco Sertorio da Castelfidardo OFMConv (1636)

---

[1] Capodistria divenne sede stabile di un tribunale inquisitoriale dipendente dalla Congregazione del Sant'Uffizio a partire dal 1558-1559. Ma già nel dicembre 1547 era stato nominato un commissario straordinario dell'Inquisizione le diocesi di Pola e Capodistria: Annibale Grisonio. Questi tenne tale incarico fino all'estate 1549 e lo svolse di nuovo nel 1558-1559.

Remigio Magnavacca da Monte San Pietro OFMConv (1637-1638)
Vincenzo Pinieri da Montefiascone OFMConv (1640-1642)
Egidio Martelli da San Marino OFMConv (1642-1650)
Francesco Cimignano da Vitorchiano OFMConv (1650-1671)
Francesco Colli da Bologna OFMConv (1671-1674)
Antonio Dall'Occhio da Ferrara OFMConv (1674)
Iacopo Tosini da Castiglione Fiorentino OFMConv (1674-1677)
Cornelio Navarra da Ferrara OFMConv (1677-1681)
Stefano Mengarelli da Rimini OFMConv (1681-1693)
Camillo Ronchi da Valcamonica OFMConv (1693-1703)
Lucio Agostini da Bologna OFMConv (1703-1704)
Giovanni Pellegrino Galassi da Bologna OFMConv (1704)
Lorenzo Antonio Bragaldi da Castel Bolognese OFMConv (1704-1706)
Antonio Girolamo Cagnacci da Piano OFMConv (1706-1710)
Mauro Andreozzini da Roma OFMConv (1710-1713)
Bonaventura Antici da Camerino OFMConv (1713-1716)
Bernardino Fracchia da Valenza OFMConv (1716-1746)
Stefano Giacomazzi da Conegliano OFMConv (1746-1749)
Francesco Antonio Curioni da Assisi OFMConv (1749-1760)
Girolamo Casella da Udine OFMConv (1760-1764)
Giuseppe Maria Busati da Treviso OFMConv (1765-1773)
Pietro Antonio Cernivani da Capodistria OFMConv (1771-1792)
Francesco Maria Zambelli OFMConv (1792-1806)

Casale Monferrato

Data inizio: fine XV sec.
Data fine: 1799[2]

Notizie storiche:
http://www.ereticopedia.org/sede-inquisitoriale-casale

Lista degli Inquisitori:

Angelo Rizzardi da Savigliano OP (1505-1509)
Sebastiano Pastorelli da Taggia OP (1510-?)
Vincenzo da Gozzano OP (1545-1561)
Bonifacio Fassati da Casale OP (1561-1563)
Domenico Pusterla da Milano OP (1564-1566)
Guglielmo Leoni da Trino OP (1566-1569)
Benedetto Marabotti da Mondovì OP (1569-1572)
Innocenzo Vallotti da Verona OP (1574-1584)
Stefano da Calvisano OP (1584-1591)
Paolo Molaschi da Lodi OP (1591-1598)
Massimino Tintori da Crema OP (1598-1603)
Benedetto Rota da Mantova OP (1603-1616)
Giacomo Tinti da Lodi OP (1616-1619)
Gian Battista Boselli da Sestola OP (1619-1625)
Giacomo Figini da Milano OP (1625-1629)
Francesco Cuccini da Roma OP (1629-1633)
Paolo Lattanzio Virchi da Verona OP (1633-1639)

---

[2] L'ultimo Inquisitore titolare della sede di Casale fu fra Raimondo Fulminissi (1706-1713). Dopo la sua morte (1713), si succedettero alla guida del tribunale solo vicari generali, fino alla soppressione dei tribunali inquisitoriali in tutto il Piemonte, decretata nel 1799.

Pietro Giacinto Donelli da Bologna OP (1639)
Felice Amorini da Roma OP (1639-1649)
Vincenzo Maria Vannini da Montesanto OP (1649-1658)
Paolo Rivetta da Moncalvo OP (1658-1665)
Agostino Recuperati da Brisighella OP (1665-1670)
Tommaso Menghini da Albacina OP (1670-1680)
Giovanni Carlo Falconi da Fermo OP (1680-1682)
Giovanni Domenico Bertucci da Cingoli OP (1682-1688)
Giovanni Francesco Orselli da Forlì OP (1689-1696)
Domenico Giustiniano Gandolfi da Maro OP (1698-1705)
Raimondo Fulminissi da Rotella OP (1706-1713)

Ceneda

Data inizio: 1561
Data fine: inizio XIX sec.

Notizie storiche:
http://www.ereticopedia.org/sede-inquisitoriale-ceneda

Lista degli Inquisitori:

Marco Bassani da Verona OP (1561-1565?)
Daniele Sbarrato da Brescia OFMConv (1565?-1574)
Eusebio Silvani OP (1574-1584)
Bonaventura Manento da Gabbiano OFMConv (1584-1609)
Agostino Oddi da Fossombrone OFMConv (1609-1620)
Giovanni Battista Chiodini da Monte Mellone OFMConv (1620-1621)
Niccolò Piccinini da Apiro OFMConv (1621-1638)
Ambrogio Romani da Mondaino OFMConv (1638-1661)
Carlo Antonio Bellagranda da Ferrara OFMConv (1661-1663)
Francesco Colli da Bologna OFMConv (1663-1671)
Francesco Cimignano da Viterbo OFMConv (1671-1677)
Domenico Mengacci da Bagnocavallo OFMConv (1678-1679)
Giovanni Paolo Giulianetti da Firenze OFMConv (1679-1692)
Francesco Maria Lucedi da Montalto OFMConv (1692-1702)
Giovanni Antonio Angeli da Bologna OFMConv (1702-1704)
Lucio Agostino Cecchini da Bologna OFMConv (1704-1706)
Giovanni Pellegrino Galassi da Bologna OFMConv (1706-1724)
Antonio Maria Piazzola da Venezia OFMConv (1724-1727)
Costantino Passaglia di Rimini OFMConv (1727-1732)
Francesco Tonnini da Monte San Vito OFMConv (1733-1738)
Francesco Antonio Mantoa da Vicenza OFMConv (1738-1739)

Giovanni Battista Rossi da San Giovanni in Persiceto OFMConv (1739-1749)
Stefano Giacomazzi da Conegliano OFMConv (1749-1775)
Francesco Ponte da Polcenigo OFMConv (1775-1788)
Francesco Antonio Mimiola OFMConv (1788-1801)

Como

Data inizio: XIII sec.
Data fine: 1782

Notizie storiche:
http://www.ereticopedia.org/sede-inquisitoriale-como

Lista degli Inquisitori:

Bernardo Rategno da Como OP (1505-1512)
Antonio Natta da Casale OP (1512-1516)
Cherubino Brocchi da Como OP (1516)
Agostino Maggio da Pavia OP (1516-1520)
Modesto Scrofeo da Vicenza OP (1520-1529?)
Pietro Martire Rusca da Lugano OP (1530-1536)
Francesco Casanova da Torno OP (1536-1543)
Sisto Perlasca da Como OP (1543-1548)
Antonio Vaccani da Lenno OP (1548-1550)
Michele Ghislieri da Bosco Marengo OP (1550-1551)
Vincenzo Gargano da Casale OP (1553-1558)
Antonio Vaccani da Lenno OP (1558-1564)
Felice Piazza da Colorno OP (1564-1567)
Gaspare Sacco da Verona OP (1567-1578)
Stefano Guaraldi da Cento OP (1578-1582)
Abbondio Tridi da Como OP (1582-1591)
Arcangelo Mancasola da Asolo OP (1591-1594)
Giovanni Domenico Vignucci da Ravenna OP (1594-1597)
Pietro Maria Fatigato da Legnano OP (1597-1604)
Agapito Cortereggia da Bergamo OP (1604-1608)
Sante Riva da Genova OP (1608)
Paolo Pagliari da Capriata OP (1608-1614)

Angelo Bucio da Vigevano OP (1614-1619)
Giacomo Tinti da Lodi OP (1619-1626)
Agostino Petretti da Reggio OP (1626-1628)
Bonifacio Rossi da Pesaro OP (1628-1630)
Raffaele Grillenzoni da Bologna OP (1630-1633)
Paolo Airoldi da Milano OP (1633-1636)
Camillo Campeggi jr. da Pavia OP (1637-1640)
Pietro Martire Ricciardi da Acquanegra OP (1640-1645)
Ludovico Pezzani da Colorno OP (1645-1654)
Ludovico Maria Calchi da Milano OP (1654-1660)
Giulio Antonio Pelliccioni da Pavia OP (1660-1668)
Paolo Girolamo Giacconi da Garessio OP (1668-1671)
Vincenzo Merli da Sondrio OP (1671-1683)
Giordano Vignali da Bologna OP (1683-1693)
Paolo Girolamo Moretti da Forlì OP (1693-1710)
Tommaso Bonaventura Boldi da Castronovo Scrivia OP (1710-1717)
Andrea Reale da Forlì OP (1717-1720)
Giovanni Filippo Monti da Fermo OP (1720-1725)
Pio Silvestri da Milano OP (1725-1726)
Giovanni Domenico Liboni da Ferrara OP (1726-1733)
Gioacchino Maria Mazzani da Cremona OP (1733)
Giacinto Maria Ascensi da San Romolo OP (1733-1739)
Giacinto Antonio Biondi da Lugo OP (1739-1749)
Pietro Antonio Bagioni da Forlì OP (1740-1742)
Giacinto Tommaso Baroni da Diano OP (1742-1759)
Giovanni Domenico Volta da Como OP (1759)[3]
Angelo Guglielmo Corti OP (1759-1768)
Gaspare Benedetto Caldara da Como OP (1768-1782)

---

[3] Respinto dalle autorità, non entrò in servizio.

Crema

Data inizio: 1614
Data fine: inizio XIX sec.

Notizie storiche:
http://www.ereticopedia.org/sede-inquisitoriale-crema

Lista degli Inquisitori:

Giovanni Maria Fiorini da Bologna OP (1614-1616)
Agostino Petretti da Reggio OP (1616-1620)
Raffaele Grillenzoni da Bologna OP (1620)
Giovanni Paolo Fieschi da Ferrara OP (1620-1625)
Onorio Parma da Brescia OP (1625-1626)
Benedetto de Oriano da Brescia OP (1626-1627)
Giacinto Marmotta da Verona OP (1627-1629)
Clemente Ricetti da Iseo OP (1629-1632)
Francesco Cuccini da Roma OP (1633-1634)
Pietro Martire Bonacci da Rezzato OP (1634-1639)
Vincenzo Maria Cimarelli da Corinaldo OP (1639-1649)
Serafino Bonarelli da Mantova OP (1649-1655)
Ludovico Pezzani da Colorno OP (1656-1661)
Giovanni Battista Righi dall'Amandola OP (1661-1665)
Tommaso Mazza da Forlì OP (1665-1667)
Pietro Maria Armani da Fano OP (1667-1674)
Antonio Ceccotti da Cotignola OP (1675-1677)
Giovanni Carlo Falconi da Fermo OP (1677-1678)
Ludovico Agostino Castelli da Gandino OP (1679-1682)
Giovanni Francesco Orselli da Forlì OP (1682-1686)
Giovanni Battista Pichi da Ancona OP (1686-1693)
Giovanni Angelo Benvenuti da Bergamo OP (1693-1702)

Giovanni Paolo Mazzoleni da Bergamo OP (1702-1706)
Giovanni Battista Giampi da Fabriano OP (1706-1710)
Andrea Reali da Forlì OP (1710-1712)
Giovanni Domenico Crescioni da Cingoli OP (1712-1718)
Raimondo Sampaolo da Roma OP (1718-1723)
Giacinto Antonio Biondi da Lugo OP (1723-post 1732)
Pier Tommaso Campana OP (1740-1750)
Serafino Maccarinelli da Brescia OP (1750-1757)
Gian Battista Wahemans da Venezia OP (1759-1761)
Filippo Rosa Lanzi da Brescia OP (1761-1762)
Pietro Placido Novelli da Venezia OP (1786-1797)

Cremona

Data inizio: XIII sec.
Data fine: 1775

Notizie storiche:
http://www.ereticopedia.org/sede-inquisitoriale-cremona

Lista degli Inquisitori:

Giorgio Cacatossici da Casale OP (1502-1515)
Giovanni Crisostomo Javelli da Casale OP (1515-1542)
Vincenzo Villa da Piacenza OP (1543-1548)
Girolamo Sico da Vercelli OP (1548-1550)
Giovanni Battista Chiarini da Cremona OP (1550-1558)
Girolamo Polizzi da Cremona OP (1558-1562)
Pietro Martire Rusca da Lugano OP (1563)
Vincenzo Sena da Ceprano OP (1563-1565)
Giulio Ferrari da Cremona OP (1565-1578)
Giovanni Battista Venturini da Lugo OP (1578-1580)
Giovanni Maria Capella da Saluzzo OP (1580-1582)
Vincenzo Busiatti da Montesanto OP (1582-1584)
Girolamo Accetti da Soncino OP (1584-1588)
Pietro Visconti da Taggia OP (1588-1595)
Pietro Martire Rinaldi da Castel di Casola OP (1595-1599)
Alberto Cheli da Lugo OP (1599-1603)
Michelangelo Seghizzi da Lodi OP (1603-1609)
Desiderio Scaglia da Brescia OP (1609-1614)
Paolo Pagliari da Capriata OP (1614-1615)
Ippolito Maria Lanci da Acquanegra OP (1615-1619)
Tommaso Novati da Taggia OP (1619-1625)
Giovanni Battista Boselli da Sestola OP (1625-1632)

Pietro Martire Ricciardi da Acquanegra OP (1632-1634)
Giovanni Battista Seghizzi Premoli da Martinengo OP (1634-1639)
Vincenzo Preti da Serravalle OP (1639-1647)
Francesco Cuccini da Roma OP (1647-1649)
Giovanni Domenico Ruggeri da Taggia OP (1649-1650)
Pietro Giacinto Donzelli da Bologna OP (1650-1653)
Consalvo Grizi da Jesi OP (1654-1662)
Stefano Boido da Castellaccio OP (1662-1674)
Michele Pio Passi da Bosco Marengo OP (1674-1679)
Alberto Solimano da Genova OP (1679-1700)
Eustachio Giuseppe Maria Pozzi da Bologna OP (1700-1719)
Domenico Maria Bassi da Castelnuovo Scrivia OP (1719-1723)
Silvestro Martini da Ferrara OP (1723-1724)
Ermenegildo Todeschini da Mantova OP (1725-1743)
Giovanni Andrea Passano OP (1743-1749)
Giovanni Francesco Cremona OP (1749-1756)
Tommaso Antonio Ricci da Forlì OP (1756-1768)
Giuseppe Porzio da Forlì OP (1768-1775)

Faenza

Data inizio: 1547[4]
Data fine: 1860

Notizie storiche:
http://www.ereticopedia.org/sede-inquisitoriale-faenza

Lista degli Inquisitori:

Commissari:

Gregorio Boldrini da Mantova OP (1547-1548)
Antonio Vaccani da Lenno OP (1548-1550)
Reginaldo da Genova OP (1550-1552)
Giovanni Antonio da Lignasco OP (1552-1556)
Costantino Testi da Modena OP (1556-1559)
Egidio Pusterla da Piacenza OP (1559-1566)
Alberto Cheli da Lugo OP (1566-1567)
Giovanni Battista Venturini da Lugo OP (1567)

Inquisitori:

Angelo Gazzino da Lugo OP (1567-1571)
Giovanni Battista Venturini da Lugo OP (1571-1579)

---

[4] L'istituzione di una sede inquisitoriale a Faenza fu decisa da Paolo III e giustificata dalla forte penetrazione delle nuove idee religiose nel territorio: nel 1547 da Roma fu inviato a Faenza il domenicano Gregorio Boldrini come commissario del Sant'Uffizio. La sede inquisitoriale faentina fu governata da commissari fino al 1567, allorché Pio V nominò come Inquisitore di Faenza Angelo Gazzino da Lugo.

Vincenzo Busiatti da Montesanto OP (1579-1581)
Alberto Drago da Fiorenzuola OP (1581-1587)
Egidio Pusterla da Piacenza OP (1587-1591)
Alberto Cheli da Lugo OP (1591-1599)
Pietro Martire Rinaldi da Castel di Casola OP (1599-1602)
Stefano de Vicariis da Garessio OP (1602-1604)
Pietro Maria Fatigato da Legnano OP (1605-1609)
Serafino Montini da Cagli OP (1609-1615)
Paolo Franci da Napoli OP (1615-1618)
Girolamo Maria Zambeccari da Bologna OP (1618-1620)
Paolo Canevari da Gabiano OP (1620-1623)
Giovanni Michele Pio da Bologna OP (1623-1625)
Tommaso Novati da Taggia OP (1625-1634)
Michele Sassi da Taggia OP (1634-1643)
Camillo Campeggi jr. da Pavia OP (1643-1652)
Giovanni Vincenzo Paolini da Garessio OP (1652-1660)
Agostino Cermelli da Alessandria OP (1661-1679)
Michele Pio Passi da Bosco Marengo OP (1679-1686)
Pio Felice Cappasanta da Vicenza OP (1686-1695)
Francesco Ottavio Oresti da Nizza OP (1695-1704)
Giovanni Battista Sambaldo da Savona OP (1705-1707)
Giovanni Francesco Orselli da Forlì OP (1707-1712)
Vincenzo Maria Ferrero da Nizza OP (1712-1725)
Bonaventura Maria Grossi sr. da Savona OP (1725-1737)
Felice Maria Lazzaroni da Ancona OP (1737-1743)
Giacinto Antonio Biondi da Lugo OP (1743-1750)
Dionigi Bellingeri da Pavia OP (1750-1758)
Tommaso Agostino Ciccarelli OP (1758-1760)
Serafino Torni da Venezia OP (1760-1760)
Gian Battista Wahemans da Venezia OP (1761-1770)
Angelo Tommaso Gattelli da Argenta OP (1770-1778)
Vincenzo Ludovico Pavoni da Brescia OP (1778-1789)
Vincenzo Maria Alisani da Bergamo OP (1789-1792)
Angelo Maria Merenda da Forlì OP (1792-1801)

Fermo

Data inizio: 1630
Data fine: 1860

Notizie storiche:
http://www.ereticopedia.org/sede-inquisitoriale-fermo

Lista degli Inquisitori:

Giovanni Maria Fiorni da Bologna OP (1630-1631)
Michele Castellazzo da Bosco Marengo OP (1631-1631)
Stefano Boido da Castellaccio OP (1631-1643)
Domenico Aresi da Milano OP (1643-1645)
Antonio Merlini da Forlì OP (1645-1647)
Giovanni Maria Fagnani da Milano OP (1647-1649)
Giovanni Battista Bianchi da Como OP (1649-1656)
Paolo Girolamo Sterpiano da Garessio OP (1656)
Paolo Rivetta da Moncalvo OP (1657-1658)
Vincenzo Maria Vannini da Montesanto OP (1658-1659)
Agostino Recuperati da Brisighella OP (1659-1661)
Ludovico Pezzani da Colorno OP (1661-1663)
Pietro Martire Bonacci da Rezzato OP (1663-1667)
Tommaso Menghini da Albacina OP (1667-1669)
Serafino Leoni da Faenza OP (1669-1695)
Giovan Battista Sambaldo da Savona OP (1695)
Vincenzo Ubaldini da Fano OP (1695-1698)
Giovanni Francesco Orselli da Forlì OP (1698-1701)
Vincenzo Maria Ferrero da Nizza OP (1701-1705)
Giuseppe Maria Berti da Dulcedo OP (1705-1707)
Giovanni Crisostomo Ferrari da Sarzana OP (1707-1709)
Giacinto Pio Tabaglio da Piacenza OP (1709-1711)

Ermete Giacinto Visconti da Milano OP (1711-1714)
Andrea Reale da Forlì OP (1714-1717)
Domingo Pérez da Madrid OP (1717-1719)
Consalvo Pio Corradi da Ascoli OP (1719-1721)
Gioacchino Maria Mazzani da Cremona OP (1721-1722)
Giovanni Agostino Ricci da Savona OP (1722-1724)
Raimondo Sampaolo da Roma OP (1724-1728)
Umberto Maria Viali da Taggia OP (1728-1738)
Girolamo Giacinto Maria Medolago da Bergamo OP (1738)
Alessandro Maria Origoni da Milano OP (1739-1743)
Bonaventura Maria Grossi jr. da Savona OP (1743-1753)
Marcolino Squarcioni OP (1753-1762)
Pietro Antonio Bosio da Pietra OP (1762-1765)
Carlo Giacinto Angeli da Trento OP (1765-1771)
Francesco Vincenzo Ciacchi da Pesaro OP (1773-1778)
Pietro Martire Rossi da Cremona OP (1778-1788)
Tommaso Francesco Roncalli da Verona OP (1788-1789)
Vincenzo Maria Masetti da Fano OP (1789-1796)
Giuseppe Scotti da Savona OP (1796-1798?)

Ferrara

Data inizio: XIII sec.
Data fine: 1860

Notizie storiche:
http://www.ereticopedia.org/sede-inquisitoriale-ferrara

Lista degli Inquisitori:

Giovanni Rafanelli da Ferrara OP (1486-1514)
Antonio Beccari da Ferrara OP (1514-1525)
Paolo Butigella da Pavia OP (1525-1530)
Angelo Salecchio da Faenza OP (1530-1533)
Tommaso Maria Beccadelli da Bologna OP (1533-1543)
Girolamo Papino da Lodi OP (1543-1546)
Tommaso Maria Beccadelli da Bologna OP (1546-1547)
Paolo Stanesi della Mirandola OP (1547-1548)
Girolamo Papino da Lodi OP (1548-1557)
Giovanni Battista da Taggia (1558-1560)
Camillo Campeggi sr. da Pavia OP (1560-1568)
Paolo Costabile da Ferrara OP (1568-1572)
Benedetto Marabotti da Mondovì OP (1573-1574)
Eliseo Capis da Venezia OP (1574-1578)
Angelo Mirabino da Faenza OP (1579-1581)
Giovanni Battista Chiavenna da Milano OP (1581-1584?)
Nicola Gionchi da Bertinoro OP (1584-1592?)
Giovanni Battista Penna da Finale OP (1592-1600)
Giovanni Battista Scarelli da Ghedi OP (1601-1619)
Paolo Franci da Napoli OP (1619-1635)
Ambrogio Ruggeri da Taggia OP (1636-1643)
Francesco Cuccini da Roma OP (1644-1647)

Agostino Cermelli da Alessandria OP (1647-1652)
Prospero Bagarotti da Fiorenzuola OP (1652-1659)
Giacinto Lasagneri da Saluzzo OP (1659-1660)
Casimiro Piazza da Cremona OP (1661-1665)
Paolo Rivetta da Moncalvo OP (1665-1667)
Giacinto Maria Granara da Genova OP (1667-1671)
Giovanni Michele Bergamaschi da Ferrara OP (1671-1676)
Prospero Leoni da Parma OP (1676-1685)
Tommaso Menghini da Albacina OP (1685-1688)
Antonio Leoni da Padova OP (1688-1693)
Domenico Felice Rivetta da Casale OP (1693-1701)
Giordano Vignali da Bologna OP (1701-1710)
Giovanni Battista Giampi da Fabriano OP (1710-1725)
Ermete Giacinto Visconti da Milano OP (1725-1731)
Domenico Andrea Cortini da Forlì OP (1731-1762)
Tommaso Lorenzo Matteucci da Fermo OP (1762-1766)
Angelo Tommaso Gattelli da Argenta OP (1767-1770)
Vincenzo Ludovico Pavoni da Brescia OP (1770-1778)
Vincenzo Maria Alisani da Bergamo OP (1778-1788)
Pietro Martire Rossi da Cremona OP (1788-1789)
Vincenzo Barberini da Pavia OP (1789-1796)
Vincenzo Maria Masetti da Fano OP (1796-?)

Firenze

Data inizio: XIII sec.[5]
Data fine: 1782

Notizie storiche:
http://www.ereticopedia.org/sede-inquisitoriale-firenze

Lista degli Inquisitori:

Antonio Cinozzi da Firenze OFMConv (1538-1552?)
Raffaello Salvini da Firenze OFMConv (1552-1555)
Antonio Cinozzi da Firenze OFMConv (1557-1559?)
Alessandro Macchiavelli di Firenze OFMConv (1559)
Antonio Cinozzi da Firenze OFMConv (1560-1561)
Luigi di Bartolomeo Pazzi OFMConv (1561-1565?)
Sebastiano Turriani da Poppi OFMConv (1565-1567)
Francesco dalla Saponara OFMConv (1567-1571)
Francesco Botticelli da Pisa OFMConv (1572-1578)
Dionigi Sanmattei da Costacciaro OFMConv (1578-1603)
Lelio Medici da Piacenza OFMConv (1603-1604)
Francesco Moro da Montegranaro OFMConv (1604-1606)

---

[5] L'Inquisizione fu presente a Firenze fin dal XIII sec., affidata ai frati france-scani. La sua riorganizzazione dopo l'istituzione della Congregazione del Sant'Uffizio fu condizionata dagli interessi di Cosimo de' Medici, il quale dapprima tenne una politica cauta nei confronti della persecuzione dell'eresia, poi progressivamente ebbe una svolta decisamente assai intransigente. Con breve papale del 24 dicembre 1551 (sollecitato dal duca Cosimo) Alessandro Strozzi, Niccolò Duranti e il monaco benedettino Isidoro da Montauto furono nominati commissari per l'Inquisizione nello Stato fiorentino. Nel 1560 fu istituita la nunziatura permanente di Firenze ed il nunzio ebbe certe prerogative inquisitoriali. Il primo Inquisitore nominato direttamente da Roma fu fra Francesco da Pisa, nel 1572.

Cornelio Priatoni da Monza OFMConv (1606-1615)
Lelio Marzari da Firenze OFMConv (1615-1618)
Giovanni Paolo Panzarasa da San Giovanni in Persiceto OFM-Conv (1618-1621)
Michele Misserotti da Bologna OFMConv (1621-1622)
Ludovico Corbusio (o Corbuzzi) da Montone OFMConv (1623-1626)
Clemente Egidio da Montefalco OFMConv (1626-1636)
Giovanni Mauri da La Fratta OFMConv (1636-1637)
Giovanni Muzzarelli da Fanano OFMConv (1637-1645)
Giacomo Cima da Sezze OFMConv (1645-1658)
Girolamo Baroni da Lugo OFMConv (1658-1672)
Francesco Rambalducci da Verrucchio OFMConv (1672-1674)
Francesco Antonio Triveri da Biella OFMConv (1674-1692)
Antonio Dall'Occhio da Ferrara OFMConv (1692-1693)
Ludovico Petronio da Lodi OFMConv (1693-1711)
Giuseppe Maria Baldrati da Ravenna OFMConv (1711-1716)
Vincenzo Conti da Bergamo OFMConv (1716-1731)
Paolo Ambrogio Ambrogi da Serra San Quirico OFMConv (1731-1740)
Paolo Antonio Agelli da Forlì OFMConv (1740-1771)[6]
Antonio Nenci OFMConv (1771-1782)

---

[6] Dal 1743 al 1754 l'attività dell'Inquisizione di Firenze fu sospesa per decisione del granduca Francesco Stefano di Lorena, come ritorsione per un ricorso dell'Inquisitore Agelli contro un editto del granduca che negava il controllo inquisitoriale sulla stampa. Agelli rimase formalmente Inquisitore per questi 11 anni, ma non poté operare.

Genova

Data inizio: XIII sec.[7]
Data fine: 1798

Notizie storiche:
http://www.ereticopedia.org/sede-inquisitoriale-genova

Lista degli Inquisitori:

Gaspare Rossetti da Varazze OP (1497-1518)
Giacomo Negro da Venezia OP (1518?-1528?)
Martino Giustiniani da Genova OP (1528-1530)
Sisto Nardini OP (1530?-1539)
Stefano Usodimare da Genova OP (1539-1547)
Antonio da Sestri OP (1547-1548)
Girolamo Franchi da Genova OP (1548-1567)
Niccolò Potestate OP (1567-1568)
Arcangelo Bianchi da Gambalò OP (1568)
Stefano Calvisio da Finale OP (1568-1571)
Valentino dei Conti de Ventimiglia OP (1572-1575)
Domenico Torlacci da Cotignola OP (1575-1577)
Giovanni Battista Borgo da Bologna OP (1577-1582)
Timoteo Bottoni da Perugia OP (1582-1583)
Girolamo Bernerio da Correggio OP (1583-1586)
Cipriano da Rimini OP (1586-1587)
Alberto Drago da Fiorenzuola OP (1587-1590)
Giovanni Battista Lanci da Reggio OP (1590-1597)

---

[7] L'Inquisizione fu presente a Genova sin dal secolo XIII, controllata dai domenicani. Dopo l'istituzione della Congregazione del Sant'Uffizio si pose la questione della sua riorganizzazione, completata con la nomina apostolica dell'Inquisitore fu introdotta nel 1575, in ritardo rispetto ad altri casi territoriali.

Agostino Galamini da Brisighella OP (1597-1600)
Giovanni Battista Penna da Finale OP (1600-1609)
Eliseo Masini da Bologna OP (1609-1627)
Vincenzo Maculani da Fiorenzuola OP (1627-1629)
Pietro Martire Ricciardi da Acquanegra OP (1629-1632)
Giovanni Battista Bosselli da Sestola OP (1632-1633)
Giovanni Battista Bosio da Capriata OP (1633-1635)
Vincenzo Preti da Serravalle OP (1635-1639)
Giustiniano Vagnoni da Fiorenzuola OP (1639-1647)
Prospero Bagarotti da Fiorenzuola OP (1647-1652)
Agostino Cermelli da Alessandria OP (1652-1662)
Michele Pio Passi da Bosco Marengo OP (1662-1669)
Silvio Cerchi da Lucca OP (1669-1674)
Tommaso Mazza da Forlì OP (1674-1679)
Angelo Giuliani da Cesena OP (1679-1681)
Tommaso Maria Bosi da Bologna OP (1681-1688)
Giandomenico Bertucci da Cingoli OP (1688-1701)
Tommaso Vincenzo Bernardi da Recanati OP (1701-1711)
Carlo Francesco Corradi OP (1711-1711)
Angelo Michele Nanni da Modena OP (1711-1712)
Domenico Maria Bassi da Castelnuovo Scrivia OP (1712-1720)
Andrea Reali da Forlì OP (1720-1738)
Alessandro Pio Sauli da Forlì OP (1739-1743)
Alessandro Maria Origoni da Milano OP (1744-1754)
Tommaso Antonio Ricci OP (1754-1756)
Giovanni Francesco Cremona OP (1756-1765)
Filippo Boccadoro da Lodi OP (1765-1780)
Giovanni Stefano Anselmi OP (1780-1798?)

Gubbio

Data inizio: 1631
Data fine: 1860

Notizie storiche:
http://www.ereticopedia.org/sede-inquisitoriale-gubbio

Lista degli Inquisitori:

Vincenzo Maria Cimarelli da Corinaldo OP (1631-1639)
Michele Camula di Alessandria OP (1639-1657)
Pio Gamondi da Bosco Marengo OP (1657-1661)
Giovanni Tommaso Visconti da Parma OP (1661-1664)
Giacinto Maria Granara da Genova OP (1664-1664)
Ludovico Pezzani da Colorno OP (1664-1667)
Tommaso Borelli da Diano OP (1667-1668)
Serafino Leoni da Faenza OP (1668-1669)
Tommaso Menghini da Albacina OP (1669-1670)
Michelangelo Graziani da Cotignola OP (1671-1671)
Vincenzo Salici da Brescia OP (1671-1675)
Aurelio Torre da Rivalta OP (1675-1677)
Domenico Francesco Peregrini da Como OP (1677-1681)
Andrea Rovetta da Brescia OP (1681-1685)
Vincenzo Ubaldini da Fano OP (1685-1688)
Amantio Della Porta da Como OP (1689-1695)
Vincenzo Maria Ferrero da Nizza OP (1695-1697)
Pio Grassi da Strevio OP (1697-1698)
Giuseppe Maria Berti da Dulcedo OP (1698-1701)
Ermete Giacinto Visconti da Milano OP (1701-1705)
Carlo Francesco Corradi da Lodi OP (1705-1707)
Giovanni Agostino Ricci da Savona OP (1707-1709)

Giacomo Zucchini da Faenza OP (1709-1710)
Giovanni Filippo Monti da Fermo OP (1710-1711)
Giuseppe Maria Galli da Como OP (1711-1712)
Andrea Reale da Forlì OP (1712-1714)
Gioacchino Maria Mazzani da Cremona OP (1714-1718)
Giovanni Domenico Crescioni da Cingoli OP (1718-1718)
Pio Silvestri da Milano OP (1718-1721)
Giovanni Domenico Liboni da Ferrara OP (1721-1725)
Giacinto Maria Ascensi da San Romolo OP (1725-1728)
Vincenzo Martini da Pompeiana OP (1728-1733)
Giacinto Maria Longhi da Milano OP (1733-1736)
Girolamo Giacinto Maria Medolago da Bergamo OP (1736-1738)
Giacinto Tommaso Baroni da Diano OP (1739-1742)
Giacinto Maria Milchovich da Ragusa OP (1744-1745)
Girolamo Taffelli da Verona OP (1748-1755)
Carlo Giacinto Angeli da Trento OP (1755?-1759)
Pietro Antonio Bosio da Pietra OP (1759-1762)
Pietro Paolo Salvatori da Fermo OP (1762)
Domenico Lorenzo Bottini da Genova OP (1762-1763)
Raimondo Maria Migliavacca da Milano OP (1763-1765)
Pietro Martire Rossi da Cremona OP (1765?-1778)
Tommaso Francesco Roncalli da Verona OP (1778-1788)
Vincenzo Maria Masetti da Fano OP (1788-1789)
Giuseppe Scotti da Savona OP (1789-1795)
Stefano del Monte da Imola OP (1795-1796)
Carlo Giuseppe Rafagli da Lodi (1796-?)
Gugliemo Cordella da Fermo (1801?)
Giacinto Tommaso Fassini da Racconigi (nominato nel 1806)

Malta

Data inizio: 1561[8]
Data fine: 1798

Notizie storiche:
http://www.ereticopedia.org/sede-inquisitoriale-malta

Lista degli Inquisitori:

Domenico Cubelles (1561-1566)
Martino Royas Da Portalruvio (1572-1574)
Pietro Dusina (1574-1575)
Piersanti Umani (1575-1577)
Rinaldo Corso (1577-1579)
Domenico Petrucci (1579-1580)
Federico Cefalotto (1580-1583)
Pietro Francesco Costa (1583-1585)
Ascanio Libertani (1585-1587)
Giovanni Battista Petralata (1587)
Paolo Bellardito (1587-1591)
Angelo Gemmario (1591)
Paolo Bellardito (1591-1592)
Giovanni Ludovico Dell'Armi (1592-1595)
Innocenzo Del Bufalo Cancellieri (1595-1598)
Antonio Ortensi (1598-1600)
Fabrizio Verallo (1600-1605)
Ettore Diotallevi (1605-1607)

---

[8] L'Inquisizione romana si impiantò stabilmente a Malta nel 1561. Nel 1557-58 tuttavia è attestata tuttavia la presenza di un commissario dell'Inquisitore romana, che fu Angelo Zampa.

Leonetto della Corbara (1607-1608)
Evangelista Carbonese (1608-1614)
Fabio Della Lagonessa (1614-1619)
Antonio Tornielli (1619-1621)
Paolo Torello (1621-1623)
Carlo Bovio (1623-1624)
Onorato Visconti (1625-1627)
Nicolò Herrera (1627-1630)
Ludovico Serristori (1630-1631)
Martino Alfieri (1631-1634)
Fabio Chigi (Alessadro VII) (1634-1639)
Giovanni Battista Gori Pannellini (1639-1646)
Antonio Pignatelli (Innocenzo XII) (1646-1649)
Carlo Cavalletti (1649-1652)
Federico Borromeo (1653-1654)
Giulio Degli Oddi (1655-1658)
Gerolamo Casanate (1658-1663)
Galeazzo Marescotti (1663-1666)
Angelo Ranuzzi (1667-1668)
Carlo Bichi (1668-1670)
Giovanni Tempi (1670-1672)
Ranuccio Pallavicino (1672-1676)
Ercole Visconti (1677-1678)
Giacomo Cantelmi (1678-1683)
Innico Caracciolo (1683-1686)
Tommaso Vidoni (1686-1690)
Francesco Aquaviva D'Aragona (1691-1694)
Tomaso Ruffo (1694-1698)
Giacinto Filiberto Ferrero di Messerano (1698-1703)
Giorgio Spinola (1703-1706)
Giacomo Caracciolo (1706-1710)
Ranieri d'Elci (1711-1715)
Lazzaro Pallavicino (1718-1719)
Antonio Ruffo (1720-1728)

Fabrizio Serbelloni (1728-1730)
Giovanni Francesco Stoppani (1731-1735)
Carlo Francesco Durini (1735-1739)
Ludovico Gualtiero Gualtieri (1739-1743)
Paolo Passionei (1743-1754)
Gregorio Salviati (1754-1759)
Angelo Maria Durini (1760-1766)
Giovanni Ottavio Mancinforte (1766-1771)
Antonio Lante (1771-1777)
Antonio Felice Chigi Zondadari (1777-1785)
Gian Filippo Gallarati Scotti (1785-1793)
Giulio Carpegna (1793-1798)

Mantova

Data inizio: fine XV sec.
Data fine: 1782

Notizie storiche:
http://www.ereticopedia.org/sede-inquisitoriale-mantova

Lista degli Inquisitori:

Domenico Pirri da Gargnano OP (1490-1520)
Girolamo Marcobruni da Faenza OP (1521?-1524?)
Ludovico de Marinis da Genova OP (1524-1528)
Giovanni Battista da Milano OP (1529-1540)
Tommaso da Seiano OP (1540-1553)
Ambrogio Aldegati da Mantova OP (1553-1567)
Camillo Campeggi sr. da Pavia OP (1567-1568)
Benedetto Erba da Mantova OP (1568-1570)
Andrea Alchero da Maderno OP (1570-1572)
Giovanni Battista Chiavenna da Milano OP (1572-1573)
Giovanni Battista Borgo da Bologna OP (1573-1577)
Giacomo Festino OP (1577-1578)
Giulio Dossi da Firenze OP (1578-1583)
Domenico Istriani da Pesaro OP (1583-1597)
Giovanni Domenico Vignucci da Ravenna OP (1597-1600)
Girolamo Capredoni da Soncino OP (1600-1604)
Giovanni Paolo Nazario da Cremona OP (1604-1605)
Serafino Secchi da Pavia OP (1605-1608)
Eliseo Masini da Bologna OP (1608-1609)
Girolamo de Medici da Camerino OP (1609-1620)
Deodato Seghizzi da Lodi OP (1624-1631)
Ambrogio Ruggeri da Taggia OP (1631-1634)

Pietro Martire Ricciardi da Acquanegra OP (1634-1640)
Camillo Campeggi jr. da Pavia OP (1640-1643)
Agostino Cermelli da Alessandria OP (1643-1645)
Angelo Maria Ondeo da Pesaro OP (1645-1649)
Vincenzo Maria Cimarelli da Corinaldo OP (1649-1652)
Giulio Mercori da Cremona OP (1652-1662)
Tommaso Pusterla da Milano OP (1662-1664)
Giacinto Maria Granara da Genova OP (1664-1667)
Domenico Maria Pozzobonelli da Savona OP (1667-1671)
Giovanni Battista Righi dall'Amandola OP (1671-1675)
Bassano Gallicioli da Brescia OP (1675-1692)
Aurelio Torre da Rivalta OP (1692-1693)
Giordano Vignali da Bologna OP (1693-1701)
Cesare Agosti da Cortemaggiore OP (1701-1707)
Giuseppe Maria Berti da Dulcedo OP (1707-1709)
Michelangelo Mani da Modena OP (1709-1711)
Giacinto Pio Tabaglio da Piacenza OP (1711-1713)
Ermete Giacinto Visconti da Milano OP (1713-1725)
Giovanni Filippo Monti da Fermo OP (1725-1735?)
Domenico Maria Bellotti OP (1735-1739)
Tommaso Maria de Angelis da Jesi OP (1739)
Pietro Martire Cassio OP (1739-1754)
Alessandro Maria Origoni da Milano OP (1754-1765)
Giacomo Alberto Mugiasca da Como OP (1765–1782)

Milano

Data inizio: XIII sec.
Data fine: 1779

Notizie storiche:
http://www.ereticopedia.org/sede-inquisitoriale-milano

Lista degli Inquisitori:

Graziadio Crotti da Cremona OP (1497-1511 e 1512/13-1517?)
Silvestro Mazzolini da Priero OP (1511-1512/13)
Martino Giustiniani da Genova OP (1518)
Melchiorre Crivelli da Milano OP (1518)
Gioacchino Beccaria da Pavia OP (1519-1521)
Melchiorre Crivelli da Milano OP (1521-1553)
Bonaventura Castiglione da Milano (1553-1555, *commissario*)
Giovanni Ambrogio Barbavara da Milano OP (1555-1558)
Giovanni Battista Chiarini da Cremona OP (1558-1560)
Angelo Avogadri da Verona OP (1561-1562)
Angelo Zampa da Cremona OP (1562-1572)
Paolo Costabili da Ferrara OP (1572-1573)
Giovanni Battista Chiavenna da Milano OP (1573-1578)
Giulio Ferrari da Cremona OP (1579-1583)
Giovanni Battista Borgo da Porretta OP (1583-1586)
Ippolito Maria Beccaria da Pavia OP (1588)
Alberto Drago da Fiorenzuola OP (1590-1593)
Deodato Gentile da Genova OP (1593-1599)
Agostino Galamini da Brisighella OP (1600-1604)
Stefano de Vicariis da Garessio OP (1604-1607)
Giovanni Innocenzo Granelli da Fiorenzuola OP (1607-1609)
Michelangelo Seghizzi da Lodi OP (1609-1615)

Desiderio Scaglia da Brescia OP (1615-1616)
Giovanni Maria Fiorini da Bologna OP (1616-1619)
Ippolito Maria Lanci da Acquanegra OP (1619-1621)
Abbondio Lambertenghi da Como OP (1621-1625)
Giovanni Michele Pio da Bologna OP (1625-1644)
Ambrogio Ruggeri da Taggia OP (1645-1649)
Francesco Cuccini da Roma OP (1649-1653)
Pietro Giacinto Donelli OP (1653-1662)
Consalvo Grizi da Jesi OP (1662-1664)
Giulio Mercori da Cremona OP (1664-1673)
Giacinto Maria Granara da Genova OP (1673-1679)
Sisto Cerchi da Bologna OP (1679-1688)
Prospero Leoni da Parma OP (1688-1708)
Tommaso Pio Testi da Bosco Marengo OP (1708-1709)
Giovanni Battista Pichi da Ancona OP (1709-1715)
Vincenzo Ludovico Gotti OP (1715-1717)
Tommaso Bonaventura Boldi OP (1717-1723)
Silvestro Martini OP (1724-1738)
Giovanni Domenico Liboni OP (1738-1743)
Ermenegildo Todeschini OP (1743-1760)
Tommaso Agostino Cicarelli OP (1760-1765)
Giovanni Francesco Cremona OP (1765-1779)

Modena

Data inizio: 1598[9]
Data fine: 1785

Notizie storiche:
http://www.ereticopedia.org/sede-inquisitoriale-modena

Lista degli Inquisitori:

Giovanni Ghermignani da Montefalcone OP (1598-1599)
Angelo Brizio da Cesena OP (1599-1600)
Arcangelo Calbetti da Recanati OP (1600-1607)
Serafino Borra da Brescia OP (1607-1608)
Michelangelo Lerri da Forlì OP (1608-1616)
Massimo Guazzoni da Bozzolo OP (1616-1618)
Tommaso Novati da Taggia OP (1618-1619)
Giovanni Vincenzo Reghezzi da Taggia OP (1619-1626)
Giacomo Tinti da Lodi OP (1626-1647)
Roberto Maria Zanardi da Urgnano OP (1647-1654)
Lodovico Pezzani da Colorno OP (1654-1656)
Serafino Bonamelli da Mantova OP (1656-1662)
Giacinto Maria Granara da Genova OP (1662-1664)
Giovanni Tommaso Visconti da Parma OP (1664-1672)
Ippolito Maria Martinelli da Sestola OP (1672-1692)
Alessandro Maria Arresti da Bologna OP (1692-1697)
Vincenzo Maria Ferrero da Nizza OP (1697-1701)

---

[9] A Modena risiedette fino al 1598 un vicario dell'Inquisitore di Ferrara (quest'ultimo aveva la competenza su tutti i domini estensi). Nel 1598, con la devoluzione di Ferrara allo Stato della Chiesa, Modena divenne capitale dello stato estense e sede inquisitoriale autonoma.

Giuseppe Maria Berti da Dulcedo OP (1701-1705)
Giovanni Crisostomo Ferrari da Castelnuovo OP (1705-1708)
Ermete Giacinto Visconti da Milano OP (1708-1711)
Giacomo Zucchini da Faenza OP (1711-1712)
Giovanni Filippo Monti da Fermo OP (1712-1720)
Gioacchino Maria Mazzani da Cremona OP (1720-1721)
Pio Silvestri da Milano OP (1721-1725)
Giovanni Domenico Liboni da Ferrara OP (1725-1726)
Antonino Pozzoli da Lodi OP (1726-1728)
Giacinto Maria Ascensi da San Romolo OP (1728-1733)
Vincenzo Martini da Pompeiana OP (1733-1737)
Giacinto Maria Longhi da Milano OP (1737-1739)
Girolamo Giacinto Maria Medolago da Bergamo OP (1739-1744)
Marcolino Squarcioni daArgenta OP (1744-1753)
Filippo Boccadoro da Lodi OP (1753-1762)
Carlo Giacinto Angeli da Trento OP (1762-1764)
Raimondo Maria Migliavacca da Milano OP (1764-1779)
Giuseppe Maria Orlandi OP (1779-1785)

Mondovì

Data inizio: 1474[10]
Data fine: 1799[11]

Notizie storiche:
http://www.ereticopedia.org/sede-inquisitoriale-mondovi

Lista degli Inquisitori:

Cristoforo Galliani di Caramagna OP (1559-1571)
Alessandro Longo da Mondovì OP (1572-1607?)
Tiberio Pernigotti da Tortona OP (1607-1625)
Benedetto Marabotti da Torino OP (1625-1630)
Alessandro Travaglio da Chieri OP (1630-1647)
Gaspare Mainardi da Nizza OP (1648-1659)
Carlo Camillo de Re da Asti OP (1660-1670)
Vincenzo Maria Ferrero da Mondovì OP (1670-1684)
Girolamo Maria Fasiani da Garessio OP (1684-1688)
Alessandro Saletta da Chieri OP (1688-1694)
Tommaso Giacinto Bernardi da Savigliano OP (1694-1717)

---

[10] L'Inquisizione si stabilì a Mondovì attorno al 1474. Il primo giudice della fede noto risale tuttavia al 1559. Nel 1571 l'Inquisizione di Mondovì assorbì quella di Savigliano, che ne divenne vicariato (Savigliano, pur non essendo mai stata sede vescovile, fu sede, almeno a partire dal 1267, di un Inquisitore, che risiedeva nel locale convento domenicano, uno dei più antichi del Piemonte). Cfr. in proposito http://www.ereticopedia.org/sede-inquisitoriale-savigliano.
[11] L'ultimo Inquisitore di Mondovì fu Tommaso Giacinto Bernardi (nominato nel 1694, in carica fino al 1717). Mondovì passò quindi da sede inquisitoriale autonoma a vicariato dell'Inquisizione di Torino. Questo vicariato cessò ufficialmente di esistere nel 1799, allorché l'Inquisizione fu soppressa in Piemonte.

Novara

Data inizio: XIV sec.
Data fine: 1799

Notizie storiche:
http://www.ereticopedia.org/sede-inquisitoriale-novara

Lista degli Inquisitori:

Alberto Bossi da Novara OP (1505-1508)
Domenico Visconti da Palestro OP (1508-1530?)
Bernardino Crivelli da Milano OP (1530-1560)
Leonardo Lapini da Firenze OP (1560-1568)
Ludovico Codebò da Milano OP (1568-1570)
Domenico Buelli da Arona OP (1570-1603)
Gregorio Manini da Gozzano OP (1603-1623)
Basilio Della Porta da Novara OP (1623-1626)
Sebastiano Borsa da Milano OP (1626-1636)
Gregorio Oroboni da Milano OP (1636-1668)
Giuseppe Maria Visconti da Milano OP (1668-1693)
Simpliciano Visconti da Milano OP (1693-1707)
Luigi Maria Lucini da Milano OP (1707-1713)
Egidio Maria Luri da Marianna OP (1713-1728)
Giuseppe Maria Galli da Como OP (1728-1731)
Ermete Giacinto Visconti da Milano OP (1731-1732)
Bernardino Cadolini OP (1732-1746)
Giuseppe Ignazio Zabberoni da Ravenna OP (1746-1750?)
Pio Filippo Massara di Vigevano OP (1750-1777)
Vincenzo Colombani da Forlì OP (1777-1786)

Padova

Data inizio: XIII sec.[12]
Data fine: inizio XIX sec.

Notizie storiche:
http://www.ereticopedia.org/sede-inquisitoriale-padova

Lista degli Inquisitori:

Girolamo Girello da Brescia OFMConv (1544-1562)
Cornelio Divo da Venezia OFMConv (1563)
Massimiliano Beniami da Crema OFMConv (1563-1585)
Annibale Santucci da Urbino OFMConv (1586-1597)
Felice Pranzini da Pistoia OFMConv (1597-1602)
Zaccaria Orceoli da Ravenna OFMConv (1602-1614)
Paolo Sansoni da Milano OFMConv (1614-1627)
Antonio Vercelli da Lendinara OFMConv (1627-1659)
Giovanni Angeli da Lucignano OFMConv (1659-1670)
Francesco Rambalducci da Verucchio OFMConv (1670-1672)
Francesco Antonio Triveri da Biella OFMConv (1672-1674)
Oliviero Tieghi da Ferrara OFMConv (1674-1688)
Domenico Mengacci da Bagnocavallo OFMConv (1688-1690)
Ambrogio Lissotti da Conegliano OFMConv (1690-1727)
Giovanni Pellegrino Galassi da Bologna OFMConv (1727-1732)
Antonio Girolamo Cagnacci da Piano OFMConv (1732-1737)

---

[12] L'Inquisizione fu presente a Padova sin dal XIII sec., gestita prima dai domenicani e poi dai francescani (a partire della gestione francescana la sede del tribunale fu il convento di Sant'Antonio). Su questa struttura preesistente si installò la nuova Inquisizione dopo la creazione della Congregazione del Sant'Uffizio (1542); il controllo del tribunale fu mantenuto dai francescani del convento del Santo.

Paolo Antonio Agelli da Cesena OFMConv (1737-1740)
Paolo Ambrogio Ambrogi da Serra San Quirico OFMConv (1740-1746)
Lorenzo Filippi da Ferrara OFMConv (1746-1750)
Francesco Antonio Mantoa da Vicenza OFMConv (1750-1766)
Tommaso Vincenzo Ronconi da Jesi OFMConv (1766)
Francesco Antonio Benoffi da Pesaro OFMConv (1766-1786)
Girolamo Maria Zanettini da Cividale OFMConv (1787-1797)

Parma

Data inizio: 1586[13]
Data fine: inizio XIX sec.[14]

Notizie storiche:
http://www.ereticopedia.org/sede-inquisitoriale-parma

Lista degli Inquisitori:

Nel XVI sec. risultano operativi come Inquisitori di Parma e Reggio Emilia:

Niccolò Bonini da Reggio OP (1491-1505)
Maffeo da Parma OP (1505-1507)
Tommaso da Vigevano OP (1507-1508)
Antonio da Casale OP (1508-1513?)
Donato da Brescia OP (1513?-1517)
Modesto Scrofeo da Vicenza OP (1517-1518/19)
Girolamo Armellini da Faenza OP (1518/19-1526?)
Angelo Mirabino da Faenza OP (1533-1540)
Tommaso dalla Negra da Vicenza OP (1540-1559)
Girolamo Volta da Mantova OP (1559-1564)

---

[13] Almeno dal 1468 il territorio di Parma rientrò nelle competenze di un distretto inquisitoriale comprendente Parma e Reggio Emilia (per maggiori informazioni cfr. http://www.ereticopedia.org/lista-inquisitori-parma-reggio). Quindi, nel 1564 Reggio Emilia divenne vicariato dell'Inquisizione di Ferrara (per poi divenire sede inquisitoriale autonoma nel 1598), mentre Parma divenne vicariato dell'Inquisizione di Piacenza. Nel 1586 Parma divenne quindi sede inquisitoriale autonoma (il primo Inquisitore titolare fu Paolo Molaschi da Lodi).

[14] L'Inquisizione fu soppressa nel ducato di Parma e Piacenza una prima volta nel 1769, ma fu ripristinata nel 1780. La soppressione definitiva avvenne in epoca napoleonica.

Tra il 1564 e il 1586 risultano operativi a Parma questi vicari inquisitoriali (dipendenti dall'Inquisitore di Ferrara):

Felice Piaci da Colorno OP
Pio da Ravenna OP (attivo nel 1577/1578)
Vincenzo Vaschini da Calvisano OP (1579/1580)
Vincenzo da Ravenna OP (nominato nel 1580)
Vincenzo Ferrini da Castelnuovo OP (in funzione nel 1583)

Inquisitori di Parma dal 1586:

Paolo Molaschi da Lodi OP (1586-1588)
Vincenzo Ranuccini da Bologna OP (1588-1589)
Arcangelo Mancasola da Asola OP (1590-1592)
Nicola Gionchi da Bertinoro OP (1592-1595)
Daniele Roberti da Pizzighettonei OP (1595-1596)
Agapito Cortereggia da Bergamo OP (1596-1604)
Giovanni Maria Arrighi da Soncino OP (1604-1623)
Bendetto Arcati da Bistagno OP (1623-1631)
Giacinto Poggi da Genova OP (1631-1634)
Ambrogio Ruggeri da Taggia OP (1634-1635)
Tommaso Pietrobelli da Camorano OP (1635-1640)
Stefano Boido da Castellaccio OP (1640-1652)
Pietro Martire Bonacci da Rezzato OP (1652-1660)
Agostino Recuperati da Brisighella OP (1661-1665)
Giovanni Michele Bergamaschi da Ferrara OP (1665-1671)
Michelangelo Graziani da Cotignola OP (1671-1677)
Vincenzo Salici da Brescia OP (1677-1680)
Tommaso Menghini da Albacina OP (1680-1681)
Giovanni Carlo Falconi da Fermo OP (1682-1695)
Tommaso Cleri da Verdun OP (1695-1698)
Cipriano Minuti da Cremona OP (1698)
Giovanni Battista Pichi da Ancona OP (1699-1708)

Angelo Michele Nanni da Modena OP (1708-1709)
Tommaso Maria Gennari da Chioggia OP (1709-1710)
Vincenzo Maria Mazzoleni da Bergamo OP (1710-1718)
Giuseppe Maria Galli da Como OP (1718-1728)
Antonino Pozzoli da Lodi OP (1728?-1733?)
Giovanni Domenico Liboni da Ferrara OP (1733-1738)
Giovanni Andrea Passano da Ferrara OP (1738)
Umberto Maria Viali da Taggia OP (1738-1739)
Giacinto Maria Longhi da Milano OP (1739-1752)
Pietro Martire Cassio OP (1754-1769)
Vincenzo Giuliano Mozzani OP (1780-1798)

Pavia

Data inizio: fine XIII sec.
Data fine: 1774

Notizie storiche:
http://www.ereticopedia.org/sede-inquisitoriale-pavia

Lista degli Inquisitori:

Giovanni Antonio Savarezzi da Cremona OP (1494-1509)
Gioacchino Beccaria da Pavia OP (1509-1527?)
Tommaso da Alessandria OP (1527-1530)
Agostino da Vimercate OP (1530-1541?)
Sante da Mantova OP (1542-1548)
Damiano da Brescia OP (1548-1553)
Stefano Varasio da Asti OP (1553-1556)
Umberto Locati da Castel San Giovanni OP (1558-1560)
Domenico Pusterla da Piacenza OP (1561-1566)
Modesto da Vicenza OP (1566-1567)
Pietro Soleri da Quinzano OP (1567-1568)
Giovanni Battista Chiavenna da Milano OP (1569-1572)
Domenico Urgnani da Soncino OP (1572)
Giovanni Battista Donzelli da Mondovì OP (1573-1578)
Giovanni Domenico Carazano da Mondovì OP (1579-1583)
Giulio Doffi da Firenze OP (1583-1586)
Sante Riva da Genova OP (1586-1593)
Paolo Pagliari da Capriata OP (1593-1595)
Sante Riva da Genova OP (1595-1601)
Egidio Pusterla da Piacenza OP (1601-1605)
Desiderio Scaglia da Brescia OP (1605-1609)
Massimo Guazzoni da Bozzolo OP (1609-1616)

Michelangelo Lerri da Forlì OP (1616-1618)
Paolo Franci da Napoli OP (1618-1620)
Deodato Seghizzi da Lodi OP (1620-1624)
Vincenzo Maculani da Fiorenzuola OP (1624-1627)
Pietro Martire Ricciardi da Acquanegra OP (1627-1629)
Paolo Airoldi da Milano OP (1630-1632)
Vincenzo Fondoli da Cremona OP (1632-1634)
Giovanni Vincenzo Lana da Valenza OP (1635-1637)
Francesco Cuccini da Roma OP (1637-1643)
Camillo Campeggi jr. da Pavia OP (1643)
Niccolò Buzzali da Modena OP (1643-1651)
Stefano Boido da Castellaccio OP (1652-1662)
Giulio Mercori da Cremona OP (1662-1664)
Tommaso Pusterla da Milano OP (1664-1673)
Raimondo Nidi da Soncino OP (1674-1681)
Domenico Francesco Peregrini da Como OP (1681-1697)
Tommaso Pio Testi da Bosco Marengo OP (1697-1708)
Giovanni Battista Pichi da Ancona OP (1708-1709)
Giuseppe Maria Berti da Dulcedo OP (1709-1727)
Carlo Girolamo Maffei da Trento OP (1728-1739)
Giacinto Maria Ascensi da San Romolo OP (1739-1743?)
Tommaso Agostino Ciccarelli da Forlì OP (1743-1758)
Giacinto Tommaso Baroni da Diano OP (1759-1761)
Filippo Boccadoro da Lodi OP (1762-1765)
Pietro Antonio Bosio da Pietra OP (1765-1774)

Perugia

Data inizio: 1551[15]
Data fine: 1860

Notizie storiche:
http://www.ereticopedia.org/sede-inquisitoriale-perugia

Lista degli Inquisitori:

Commissari
Matteo Lachi da Firenze OP (1551-1566)
Nicola Alessi da Perugia OP (1566-1577)

Inquisitori
Nicola Alessi da Perugia OP (1577-1585)
Vincenzo Castrucci da Firenze OP (1585-1598)
Benedetto Ercolani da Perugia OP (1598-1616)
Vincenzo Ercolani da Perugia OP (1616)
Tommaso Margottini da Orvieto OP (1616-1623)
Francesco Galasini da Sant'Angelo OP (1623-1631)
Vincenzo Maria Pellegrini da Città di Castello OP (1631-1654)
Francesco Galasini da Sant'Angelo OP (1654-1664)
Giacinto Picchetti da Roma OP (1665-1675)

---

[15] L'Inquisizione di Perugia ebbe origine nel 1551. In quell'anno Giulio III nominò fra Matteo Lachi da Firenze, allora rettore dell'Università di Perugia, commissario generale del Sant'Uffizio nella città con competenze su una vasta area circostante, che comprendeva anche Spoleto e Assisi. I successori di Lachi ebbero il titolo di Inquisitori di Perugia. Nel 1685 l'area di competenza del tribunale di Perugia fu ridotta ed una parte di essa fu assegnata alla neonata sede inquisitoriale di Spoleto.

Raimondo Grossi da Perugia OP (1675-1684)
Paolo Ottaviani da Bagnaia OP (1685-1724)
Giovanni Niccolo Selleri da Panicale OP (1725-1733)
Vincenzo Maria Ferretti da Ancona OP (1733-1737)
Mariano Pisano OP (1737-1745)
Pietro Paolo Palma da Perugia OP (1745-1782)
Raimondo Zolla da Vetralla OP (1782-1785)
Pier Domenico Bernardi da Roma OP (1785-1804)

Piacenza

Data inizio: XIII sec.[16]
Data fine: inizio XIX sec.[17]

Notizie storiche:
http://www.ereticopedia.org/sede-inquisitoriale-piacenza

Lista degli Inquisitori:

Giorgio Cacatossici da Casale OP (1502-1511)
Silvestro Mazzolini da Priero OP (1511-1515?)
Giovanni Crisostomo Javelli da Casale OP (1515-1542)
Vincenzo Villa da Piacenza OP (1542-1548)
Bartolomeo Fumi da Cortemaggiore OP (1548-1555?)
Angelo Avogadri da Verona OP (1558-1560)
Umberto Locati da Castel San Giovanni OP (1560-1566)
Tommaso Rivalta da Piacenza OP (1566?-1578)
Giacomo Azzaroli da Lugo OP (1578-1582)
Paolo Molaschi da Lodi OP (1582-1583)
Giulio Ferrari da Cremona OP (1583-1585)
Nicola Rossi da Ancona OP (1585-1588)
Alessandro Eustachi da Vigevano OP (1588-1593)
Sante Riva da Genova OP (1593-1595)
Agostino Galamini da Brisighella OP (1595-1597)
Bonifacio Biani da Vigevano OP (1597-1604)

---

[16] A Piacenza l'Inquisizione operò sin dalla metà del XIII secolo. Il tribunale fu sempre gestito dai domenicani. Dal 1564 al 1586 la sede inquisitoriale di Piacenza ebbe competenza anche su Parma (dove si installò un vicario).
[17] Dopo una prima soppressione nel 1769, l'Inquisizione fu ripristinata nel ducato di Parma e Piacenza nel 1780 ed abolitavi definitivamente in epoca napoleonica.

Sante Riva da Genova OP (1604-1607)
Arcangelo Calbetti da Recanati OP (1607-1608)
Alessandro Alinovi da Polesine OP (1609-1619)
Claudio Costamezzana da Borgotaro OP (1619-1635)
Prospero Bagarotti da Fiorenzuola OP (1635-1643)
Ludovico Pezzani da Colorno OP (1643-1645)
Consalvo Grizi da Jesi OP (1645-1654)
Casimiro Piazza da Cremona OP (1654-1661)
Michelangelo Catti da Modena OP (1661-1665)
Vincenzo Maria Rivali da Bologna OP (1665-1666)
Domenico Maria Pozzobonelli da Savona OP (1666-1667)
Sisto Cerchi da Bologna OP (1667-1669)
Giovanni Maria Castelli da Morbegno OP (1669-1671)
Alberto Solimano da Genova OP (1671-1673)
Tommaso Maria Bosi da Bologna OP (1673-1681)
Pio Felice Cappasanta da Vicenza OP (1681-1686)
Aurelio Torre da Rivalta OP (1686-1692)
Giovanni Alberto Ascevolini da Bertinoro OP (1692-1698)
Giovanni Battista Sambaldo da Savona OP (1698-1705)
Arcangelo Vincenzo Morbelli da Rivalta OP (1705-1708)
Carlo Francesco Corradi da Lodi OP (1709-1711)
Bonaventura Maria Grossi sr. da Savona OP (1711-1725)
Giovanni Battista Giampi da Fabriano OP (1725-?)
Giorgio Maria Tornielli dalla Molare OP (1749-1762)
Pietro Paolo Salvatori da Fermo OP (1762?-1765?)
Francesco Vincenzo Ciacchi da Pesaro OP (1765-1768)
Paolo Vincenzo Giovannini da Torino OP (1780-1804)

Pisa

Data inizio: 1560[18]
Data fine: 1782

Notizie storiche:
http://www.ereticopedia.org/sede-inquisitoriale-pisa

Lista degli Inquisitori:

Cristoforo Grassolino da Marsala OFMConv (1560-1575)
Girolamo Urbani da Montepulciano OFMConv (1575-1581)
Francesco Pratelli da Montefiore Marchiano OFMConv (1581-1584)
Annibale Santucci da Urbino OFMConv (1584-1586)
Lelio de Medici da Piacenza OFMConv (1586-1603)
Francesco Mauro da Montegranaro OFMConv (1603-1604)
Cornelio Priatoni da Monza OFMConv (1604-1609)
Antonio Maria Furconio da San Ginesio OFMConv (1609-1609)
Arcangelo Mondani da Piacenza OFMConv (1609-1611)
Lelio Marzari da Faenza OFMConv (1611-1615)
Angelo Gottardi da Rimini OFMConv (1615-1616)
Angelo Picinini da Ravenna OFMConv (1616-1617)
Giovanni Francesco Tolomei da Osimo OFMConv (1617-1625)
Tiberio Sinibaldi da Monte Novo OFMConv (1625-1635)
Domenico Vico da Osimo OFMConv (1635-1636)
Bernardino Manzoni da Cesena OFMConv (1636-1644)
Antonio Sabatini da Viterbo OFMConv (1644-1645)

---

[18] L'Inquisizione operò nel territorio di Pisa sin dall'inizio del XIV secolo. Una sede inquisitoriale stabile, dipendente dalla Congregazione del Sant'Uffizio, fu istituita nella città attorno al 1560.

Lodovico Zacchei da Sezze OFMConv (1645-1653)

Pirillo Missini da Orvieto OFMConv (1653-1654)

Girolamo Baroni da Lugo OFMConv (1654-1658)

Francesco Rambalducci da Verruchio OFMConv (1658-1670)

Modesto Paoletti da Vignanello OFMConv (1670-1677)

Agostino Giorgi da Bologna OFMConv (1677-1688)

Cesare Pallavicini da Milano OFMConv (1688-1701)

Giacomo Serra da San Giovanni in Persiceto OFMConv (1701-1725)

Angelo Antonio Dati da Visso OFMConv (1725-1730)

Bernardo Bernardi da Bologna OFMConv (1730-1746)

Giuseppe Antonio Maria Boschi da Bologna OFMConv (1746-1747)

Girolamo Antonio Faleri OFMConv (1753-1758)

Salvatore Dini OFMConv (1758-1782)

Reggio Emilia

Data inizio: 1598[19]
Data fine: 1785[20]

Notizie storiche:
http://www.ereticopedia.org/sede-inquisitoriale-reggio

Lista degli Inquisitori:

Pietro Visconti da Taggia OP (1598-1601)
Angelo Bucci da Vigevano OP (1601-1604)
Dionigi Raimondi da Finale OP (1604-1607)
Michelangelo Lerri da Forlì OP (1607-1608)
Serafino Montini da Cagli OP (1608)
Paolo Franci da Napoli OP (1608-1615)
Girolamo Maria Zambeccari da Bologna OP (1615-1618)
Michelangelo Lerri da Forlì OP (1618-1622)
Girolamo Codulcini da Fossombrone OP (1622-1625)
Paolo Bermaschi da Crema OP (1625)
Pietro Martire Ricciardi da Acquanegra OP (1625-1627)
Paolo Airoldi da Milano OP (1627-1629)
Paolo Egidio Tramezzini da Como OP (1629-1634)

---

[19] L'Inquisizione domenicana operò nel territorio di Reggio Emilia sin dal XIV secolo. Il territorio di Reggio ricadeva nelle competenze dell'Inquisitore di Lombardia. Dal 1468 al più tardi risulta attivo un Inquisitore competente per Reggio e Parma. Ma nel 1564, su richiesta del duca di Ferrara Alfonso II, Reggio divenne un vicariato inquisitoriale sottoposto all'autorità dell'Inquisitore generale degli Stati estensi, che risiedeva a Ferrara. Nel 1598, a seguito della devoluzione di Ferrara allo Stato della Chiesa, Reggio, così come Modena, divenne sede inquisitoriale autonoma.
[20] Nel 1780 l'Inquisizione di Reggio Emilia fu trasformata in vicariato dell'Inquisizione di Modena, la quale fu soppressa nel 1785.

Pietro Maria Dulcetti da San Severino OP (1634-1637)
Tommaso Bargagnati da Fabriano OP (1637-1640)
Vincenzo Maria Vannini da Montesanto OP (1640-1646)
Agostino Ferrari da Correggio OP (1646-1656)
Giovanni Battista Cassani da Lugo OP (1657-1677)
Aurelio Torre da Rivalta OP (1677-1681)
Cipriano Minuti da Cremona OP (1682-1685)
Prospero Leoni da Parma OP (1685-1688)
Vincenzo Ubaldini da Fano OP (1689-1695)
Angelo Guglielmo Molo da Como OP (1695-1699)
Cesare Agosti da Cortemaggiore OP (1699-1701)
Giovanni Crisostomo Ferrari da Castelnuovo OP (1701-1705)
Ermete Giacinto Visconti da Milano OP (1705-1708)
Giacinto Pio Tabaglio da Piacenza OP (1708-1709)
Giovanni Agostino Ricci da Savona OP (1709-1710)
Giacomo Zucchini da Faenza OP (1710-1711)
Giovanni Filippo Monti da Fermo OP (1711-1712)
Giuseppe Maria Galli da Como OP (1712-1718)
Gioacchino Maria Mazzani da Cremona OP (1718-1720)
Antonino Pozzoli da Lodi OP (1720-1726)
Pietro Antonio Bagioni da Forlì OP (1726-1733)
Tommaso Giacinto Mugiasca da Como OP (1733-1736)
Prospero Felice Agnesi da Crema OP (1736-1737)
Giacinto Maria Longhi da Milano OP (1737)
Domenico Nicola Mora da Fermo OP (1737-1739)
Pietro Martire Cappi da Parma OP (1739)
Giuseppe Felice Agnesi OP (1739-1743)
Pietro Martire Cangiassi da Modena OP (1743-1748)
Francesco Maria Ratti da Tortona OP (1748-1749)
Giovanni Domenico Volta da Como OP (1749-1759)
Carlo Tommaso de Angelis OP (1759-1759)
Carlo Giacinto Angeli da Trento OP (1759-1762)
Pietro Antonio Bosio da Pietra OP (1762)
Carlo Giacinto Belleardi [o Bigliardi] OP (1763-1780)

Rimini

Data inizio: 1550
Data fine: 1860 (come Inquisizione di Pesaro)[21]

Notizie storiche:
http://www.ereticopedia.org/sede-inquisitoriale-rimini

Lista degli Inquisitori:

Costantino Testi da Modena OP (1550-1553)
Angelo Galvani da Rimini OP (1553-1569)
Tommaso Vannini da Rimini OP (1569-1580?)
Cipriano da Rimini (1580-1582?)
Paolo Molaschi da Lodi OP (1585-1586)
Alberto Cheli da Lugo OP (1586-1588)
Cipriano Crescentino da Lugo OP (1588?-1603)
Angelo Baroni da Venezia OP (1603-1604)
Isidoro Parlasco da Como OP (1604-1610)
Giacomo Fiorentini da Argenta OP (1610-1615)
Tommaso Novati da Taggia OP (1615-1617)
Pio Giovannini da Bologna OP (1617-1619?)
Massimo Guazzoni da Bozzolo OP (1619?)
Dionigi Lombardi da Taggia OP (1619-1621)
Michele Sassi da Taggia OP (1621-1625)
Giovanni Francesco Guiotti da Vicenza OP (1625-1625)
Pietro Angelo Santinelli da Pesaro OP (1625-1628)

---

[21] L'Inquisizione di Rimini propriamente detta esistette fino alla fine del Settecento. Con la Restaurazione l'Inquisitore di questa sede risiedette a Pesaro (precedentemente vicariato di Rimini). La sede cessò di esistere con l'annessione del territorio al neonato Regno d'Italia (1860).

Raffaele Grillenzoni da Bologna OP (1628-1629)
Bonifacio Rossi da Pesaro OP (1630)
Tommaso Petrobelli da Camorano OP (1630-1635)
Ambrogio Ruggeri da Taggia OP (1635-1636)
Francesco Cuccini da Roma OP (1637)
Pietro Martire Fondoli da Cremona OP (1636-1637)
Agostino Ferrari da Correggio OP (1637-1646)
Vincenzo Maria Vannini da Montesanto OP (1647-1649)
Michelangelo Cati da Modena OP (1649-1661)
Pietro Martire Bonacci da Rezzato OP (1661-1663)
Ludovico Pezzani da Colorno OP (1663-1664)
Vincenzo Merli da Sondrio OP (1664-1671)
Paolo Girolamo Giacconi da Garessio OP (1671-1679)
Pio Felice Cappasanta da Vicenza OP (1679-1681)
Domenico Francesco Pellegrini da Como OP (1681)
Aurelio Torre da Rivalta OP (1681-1686)
Francesco Ottavio Oresti da Nizza OP (1686-1695)
Giovanni Battista Sambaldo da Savona OP (1695-1698)
Vincenzo Ubaldini da Fano OP (1698-1700)
Giovanni Francesco Orselli da Forlì OP (1701-1707)
Carlo Francesco Corradi da Lodi OP (1707-1709)
Giovanni Crisostomo Ferrari da Castelnuovo OP (1709-1713)
Giacinto Pio Tabaglio da Piacenza OP (1713-1719)
Dionigi Bellingeri da Pavia OP (1719-1738?)
Giovanni Andrea Passano OP (1738-1743)
Serafino Torni da Venezia OP (1743?-1760)
Giovanni Paolo Zapparella da Verona OP (1760-1763)
Domenico Lorenzo Bottino da Diano OP (1763-post 1773)
Tommaso Francesco Roncalli da Verona OP (1792)

Saluzzo

Data inizio: 1509
Data fine: 1799

Notizie storiche:
http://www.ereticopedia.org/sede-inquisitoriale-saluzzo

Lista degli Inquisitori:

Angelo Rizzardi da Savigliano OP (1509-1510)
Agostino Maggio da Pavia OP (1510-1517)
Vincenzo da Codogno OP (1517-1530)
Bartolomeo da Mortara OP (1530-1533)
Girolamo Morozzo da Mondovì OP (1556-1563)
Domenico Vigoni OP (1563-1570?)
Giovanni Gabriele da Saluzzo OP (1570?-1587?)
Giovanni Francesco Cicada da Bra OP (1589-1604)
Girolamo Capalla da Saluzzo OP (1604-1612)
Michele Sassi da Taggia OP (1612-1617)
Giovanni Francesco Cicada da Bra OP (1617-1623)
Paolo Girolamo Odetti da Mondovì OP (1623-1630)
Pietro Maria Dulcetti da San Severino OP (1630-1634)
Girolamo Ponzono da Bologna OP (1634-1643)
Tommaso Maria Tagliardini da Caramagna OP (1643-1652)
Francesco Turriani da Nizza OP (1653)
Giovanni Battista Alessandri da Saluzzo OP (1653-1657?)
Francesco Maria Bianchi da Garessio OP (1657-1659)
Giovanni Maria Castelli da Morbegno OP (1659-1669)
Aurelio Torre da Rivalta OP (1669-1675)
Tommaso Medri da Cesena OP (1675-1684)
Andrea Rovetta da Brescia OP (1685-1686)

Giovanni Francesco Orselli da Forlì OP (1686-1689)
Domenico Giustiniano Gandolfi da Maro OP (1689-1698)
Pio Grassi da Strevio OP (1698)[22]

---

[22] Nominato, non si insediò.

Siena

Data inizio: XIII sec.[23]
Data fine: 1782

Notizie storiche:
http://www.ereticopedia.org/sede-inquisitoriale-siena

Lista degli Inquisitori:

Agostino Paci da Siena OFMConv (1534-?)
Alessandro del Taia da Siena OFMConv (1560-1561)
Cornelio da Siena OFMConv (1561-1562)
Cristoforo da Verruchio OFMConv (1562-1566?)
Geremia Bucchio da Udine OFMConv (1567-1569)
Pietro Fusi da Saronno OFMConv (1569-1570)
Felice Pranzini da Pistoia OFMConv (1570-1572)
Francesco Maria Pratelli da Montefiore Marchiano OFMConv (1572-1575)
Leone Porcij da Radicofani OFMConv (1575-1576)
Dionigi Sanmattei da Costacciaro OFMConv (1576-1578)
Prospero Urbani da Urbino OFMConv (1578-1581)
Annibale Santucci da Urbino OFMConv (1581-1584)
Antonio Guerreschi da Proceno OFMConv (1584-1586)
Giuliano Caùsi da Mogliano OFMConv (1586-1588)
Nicola Angelini da Penna OFMConv (1588-1594)

---

[23] L'Inquisizione fu attiva a Siena fin dal XIII secolo (la competenza era in origine dei frati domenicani). Ma una vera e propria sede stabile del Sant'Uffizio si ebbe a Siena a partire dagli anni sessanta del XVI secolo, affidata ai frati minori conventuali (come in tutta la Toscana). Il tribunale senese aveva sotto la sua giurisdizione anche Grosseto, Piombino e territori limitrofi.

Zaccaria Orcioli da Ravenna OFMConv (1594-1602)
?Leone da Piacenza? OFMConv (1599-1602)[24]
Felice Pranzini da Pistoia OFMConv (1602-1606)
Bonaventura Passero da Nola OFMConv (1606-1607)
Arcangelo Mondani da Piacenza OFMConv (1607-1609)
Lelio Marzari da Faenza OFMConv (1609-1611)
Francesco Luciani da Piombino OFMConv (1611-1619)
Vincenzo Baldeschi da Perugia OFMConv (1619-1620)
Ludovico Corbusio (o Corbuzzi) da Montone OFMConv (1620-1623)
Clemente Egidi da Montefalco OFMConv (1623-1626)
Vincenzo Baldeschi da Perugia OFMConv (1626-1634)
Giovanni Mauri da La Fratta OFMConv (1634-1636)
Bartolomeo Tartaglia daAssisi OFMConv (1636-1637)
Guglielmo Foca da Perugia OFMConv (1637-1644)
Bernardino Manzoni da Cesena OFMConv (1644-1645)
Francesco Sertori da Castelfidardo OFMConv (1645-1652)
Carlo Pelagalli da Velletri OFMConv (1652-1656)
Giovanni Pellei da Radicofani OFMConv (1656-1664)
Giuseppe Amati da Massafra OFMConv (1664-1677)
Modesto Paoletti da Vignanello OFMConv (1677-1688)
Serafino Gottarelli da Castelbolognese OFMConv (1688-1700)
Giacomo Serra da San Giovanni in Persiceto OFMConv (1700-1701)
Cesare Pallavicini da Milano OFMConv (1701-1706)
Domenico Antonio Ranieri da Acquapendente OFMConv (1706-1707)
Giovanni Antonio Angeli da Bologna OFMConv (1707)
Giuseppe Maria Baldrati da Ravenna OFMConv (1707-1711)
Giovanni Battista Magni da Verrucchio OFMConv (1711-1714)
Giovanni Giacomo Mascalchi OFMConv (1714)
Vincenzo Maria Conti da Bergamo OFMConv (1714-1716)

---

[24] Incerto. Menzionato solo da Ribetti 1710.

Paolo Ambrogio Ambrogi da Serra San Quirico OFMConv (1716-1731)
Giuseppe Maria Pesenti da Bergamo OFMConv (1731-1766)
Paolo Parenti da Spello OFMConv (1767-1782)

Spoleto

Data inizio: 1685
Data fine: 1860

Notizie storiche:
http://www.ereticopedia.org/sede-inquisitoriale-spoleto

Lista degli Inquisitori:

Domenico Caroli da Foligno OP (1685-1689)
Deodato Camassei da Bevagna OP(1689-1711)
Girolamo Pierdomenico Baranzone da Giove OP (1711-1719)
Giovanni Niccolò Selleri da Panicale OP (1719-1725)
Tommaso Maria Masserotti da Camerino OP (1725-1727)
Girolamo Maria Rendina da Benevento OP (1727-1732)
Vincenzo Maria Ferretti da Ancona OP (1732-1733)
Tommaso Maria Silici da Massa Carrara OP (1733-1744)
Pietro Paolo Palma da Civitavecchia OP (1744-1745)
Ambrogio Maria Chiappini da Sarzana OP (1745-1775)
Raimondo Zolla da Vetralla OP (1775-1782)
Pier Domenico Bernardi da Roma OP (1782-1785)
Tommaso Maria Nardacci da Priverno OP (1785-1798)
Benedetto Cappelli OP (1801-1804)
Giovanni Battista Dolci OP (1804-1809)

Torino

Data inizio: 1480[25]
Data fine: 1799

Notizie storiche:
http://www.ereticopedia.org/sede-inquisitoriale-torino

Lista degli Inquisitori:

Antonio Ghislandi da Giaveno OP (1483-1510)
Cornelio da Beinasco OP (1510-1518)
Girolamo Rachia da Chieri OP (1519-1546?)
Tommaso Giacomelli da Pinerolo OP (1547-1565)
Dionigi Cislaghi da Milano OP (1570-1587)
Bartolomeo Rocca da Pralormo OP (1588-1605)
Camillo Balliani da Milano OP (1606-1628)
Girolamo Rebioli da Villafranca OP (1628-1640)
Francesco Maria Bianchi da Garessio OP (1640-1657)
Giovanni Battista Alessandri da Saluzzo OP (1657-1659)
Tommaso Camotti da Chieri OP (1659-1672)
Michele Ludovico Tevenardi da Saluzzo OP (1672-1688)
Clemente de Gubernatis da Nizza OP (1688-1708)
Giovanni Andrea Cauvino da Nizza OP (1708)[26]

---

[25] L'Inquisizione iniziò ad operare a Torino e in Piemonte nel XIII sec. Dal XIV secolo il potere inquisitoriale fu esercitato dai frati predicatori del convento (precedentemente l'attività inquisitoriale era stata diretta dal vescovo). Un Inquisitore con competenza solo sul territorio di Torino fu introdotto attorno al 1480.
[26] Pur nominato, non ottenne il beneplacito del sovrano piemontese Vittorio Amedeo II di Savoia e non si insediò. Il tribunale fu quindi retto da un vicario generale, fra Giovanni Alberto Alfieri.

Tortona

Data inizio: 1344[27]
Data fine: 1799

Notizie storiche:
http://www.ereticopedia.org/sede-inquisitoriale-tortona

Lista degli Inquisitori:

Lorenzo Butini da Alessandria OP (1483-1502?)
Pietro Martire Braghieri da Tortona OP (1520)
Giovanni Michele da Alessandria OP (1542-1549)
Pietro Martire Braghieri da Tortona OP (1549-1562)
Lorenzo Maggi OP (1562-1564)
Claudio Rondelli da Chieri OP (1564-1574)
Antonio Accati da Rivoli OP (1574-1600)
Camillo Balliani da Milano OP (1600-1603)
Basilio Della Porta da Novara OP (1603-1606)
Giacinto Ghisolfi da Milano OP (1606-1610)
Stefano Priatoni da Vidigulfo OP (1610-1616)
Agostino Torre da Rivalta OP (1616-1619)
Stefano Doria da Genova OP (1619-1620)
Giovanni Battista Bosio da Capriata OP (1620-1622)
Giacomo Figini da Milano OP (1622-1625)
Agostino Petretti da Reggio OP (1625-1626)
Giovanni Vincenzo Reghezzi da Taggia OP (1626-1644)
Michelangelo Cati da Modena OP (1644-1649)

---

[27] La presenza di un inquisitore domenicano residente a Tortona è segnalata sin dal 1344. Ma la sede inquisitoriale di Tortona, che fu sempre di competenza domenicana, si stabilizzò pienamente solo nel XVI secolo, dopo la *Licet ab initio*.

Giovanni Maria Fagnani da Milano OP (1649-1654)
Agostino Recuperati da Brisighella OP (1654-1658)
Michele Pio Passi da Bosco Marengo OP (1658-1661)
Pio Gamondi da Bosco Marengo OP (1661-1667)
Ludovico Pezzani da Colorno OP (1667-1668)
Tommaso Borelli da Diano OP (1668-1689)
Angelo Guglielmo Molo da Como OP (1689-1695)
Amantio Della Porta da Como OP (1695-1697)
Giovanni Maria Arresti da Bologna OP (1697-1706)
Tommaso Bonaventura Boldi da Castelnuovo Scrivia OP (1706-1710)
Giovanni Agostino Ricci da Savona OP (1710-1722)
Gioacchino Maria Mazzani OP (1722-1733)
Pietro Antonio Bagioni da Forlì OP (1733-1739)
Domenico Nicola Mora OP (1739-1746)
Giovanni Domenico Volta da Como OP (1746-1749)
Francesco Maria Ratti da Tortona OP (1749-1782?)

Treviso

Data inizio: 1550[29]
Data fine: 1806

Notizie storiche:
http://www.ereticopedia.org/sede-inquisitoriale-treviso

Lista degli Inquisitori:

Nicolò Venieri da Venezia OFMConv (1550-1552)
Bonaventura Farinerio da Castelfranco OFMConv (1552-1556)
Andrea Bergamin da Vicenza OFMConv (1556-1561)
Luigi Nicoletti da Treviso OFMConv (1561-1567)
Bonaventura Belliorio da Pinerolo OFMConv (1567-1570)
Teofilo Borgondio da Rovigo OFMConv (1570-1590)
Felice Pranzini da Pistoia OFMConv (1590-1597)
Paolo Sansoni da Milano OFMConv (1597-1614)
Girolamo Moretto da Fossombrone OFMConv (1614-1620)
Costanzo Taroni da Lugo OFMConv (1620-1635)
Bernardino Senesi da Lucignano OFMConv (1635-1641)
Guglielmo Granaioni da Bologna OFMConv (1641-1645)
Carlo Pellagalli da Velletri OFMConv (1645-1652)
Bonaventura de Battistis da Fano OFMConv (1652-1655)
Giovanni Pellei da Radicofani OFMConv (1655-1656)

---

[29] L'Inquisizione operò a Treviso sin dal XIII secolo. La competenza era dell'Inquisitore della Marca Trevigiana (che risiedeva a Venezia o a Verona). Una sede inquisitoriale stabile fu creata a Treviso subito dopo l'istituzione della Congregazione del Sant'Uffizio. Il primo nome di Inquisitore di Treviso di cui si ha notizia risale al 1550 (fra Nicolò Venieri). L'Inquisizione di Treviso fu sempre gestita dai minori conventuali. Il tribunale fu formalmente abolito in età napoleonica.

Emilio Tensini da Crema OFMConv (1656-1658)
Francesco Colli da Bologna OFMConv (1658-1663)
Agostino Giorgi da Bologna OFMConv (1663-1674)
Antonio Dall'Occhio da Ferrara OFMConv (1674-1677)
Domenico Antonio Ranieri da Acquapendente OFMConv (1677-1706)
Giuseppe Maria Baldrati da Ravenna OFMConv (1706-1707)
Giovanni Michele Vergari da Gubbio OFMConv (1707-1710)
Antonio Girolamo Cagnacci da Piano OFMConv (1710-1732)
Costantino Passaglia da Rimini OFMConv (1732-1739)
Francesco Antonio Mantoa da Vicenza OFMConv (1739-1750)
Carlo Ippolito Baratti da Rovigo OFMConv (1750-1773)
Giuseppe Frassen da Castelfranco OFMConv (1773-1792)
Francesco Pisani di Venezia OFMConv (1792-1806)

Venezia

Data inizio: XIII sec.
Data fine: inizio XIX sec.

Notizie storiche:
http://www.ereticopedia.org/sede-inquisitoriale-venezia

Lista degli Inquisitori:

Giacomo Bonaccorsi OFMConv (1495?-1511)
Gabriele Bruni da Venezia OFMConv (1511?-1514)
Piero Pisani da Venezia OFMConv (1514-?)
Francesco Pisani da Venezia OFMConv (1520-?)
Martino Tomasi da Treviso OFMConv (1526-1530?)
Angelo Testa da Venezia OFMConv (1530-1540?)
Paolo Filomelli da Venezia OFMConv (1541-1542)
Marino da Venezia OFMConv (1543-1550)
Nicola da Venezia OFMConv (1550-1556)
Felice Peretti da Montalto OFMConv (1557-1559)
Bonaventura Farinerio da Castelfranco OFMConv (1559-1560)
Felice Peretti da Montalto OFMConv (1560)
Bartolomeo Ferro da Lugo OP (1560)
Tommaso dalla Negra da Vicenza OP (1560-1564)
Adriano Beretti da Vicenza OP (1564-1566)
Valerio Faenzi da Verona OP (1566-1569)
Aurelio Schilino da Brescia OP (1569-1574)
Marco Medici da Verona OP (1574-1578)
Giovanni Battista Chiavenna da Milano OP (1578-1581)
Angelo Mirabino da Faenza OP (1581-1587)
Stefano Guaraldi da Cento OP (1587-1591)
Giovanni Gabriele da Saluzzo OP (1591-1595)

Giovanni Vicenzo Arrigoni da Brescia OP (1595-1600)
Giovanni Domenico Vignucci da Ravenna OP (1600-1622)
Giovanni Ludovico Sechiario da Ravenna OP (1623-1623)
Paolo Canaveri da Gabiano OP (1623-1623)
Silvestro Ugoletto da Castiglione OP (1623-1625)
Girolamo Zappetti da Quinzano OP (1625-1632)
Clemente Riccetti da Iseo OP (1632-1639)
Anselmo Oliva da Brescia OP (1639-1647)
Giovanni Battista Raimondi da Gavardo OP (1647-1651)
Ambrogio Fracassino da Brescia OP (1651-1662)
Agapito Ugoni da Brescia OP (1662-1670)
Bassano Gallicioli da Brescia OP (1670-1675)
Vincenzo Salici da Brescia OP (1675-1677)
Tommaso Rovetta da Brescia OP (1677-1693)
Antonio Leoni da Padova OP (1693-1698)
Raimondo Asperti da Bergamo OP (1698-1704)
Vincenzo Mazzolini da Bergamo OP (1704-1710)
Tommaso Maria Gennari da Chioggia OP (1710-1736)
Paolo Tommaso Manuelli da Verona OP (1737-1755)
Giovanni Paolo Zapparella da Verona OP (1755-1760)
Serafino Maccarinelli da Brescia OP (1760-1763)
Filippo Rosa Lanzi da Brescia OP (1762-1773)
Giovanni Tommaso Mascheroni da Bergamo OP (1773-1797)

Vercelli

Data inizio:1380[30]
Data fine: 1799[31]

Notizie storiche:
http://www.ereticopedia.org/sede-inquisitoriale-vercelli

Lista degli Inquisitori:

Agostino Leoni da Cavaglia OP (1527-1540)
Giacomo Barilli da Tollegno OP (1540-1563)
Cipriano Uberti da Ivrea OP (1563-1607)
Giovanni Ambrogio Barbavara da Milano OP (1607-1615)
Paolo Maria Donzelli da Mondovì OP (1617-1621)
Giacinto Broglia da Chieri OP (1621-1640)
Giacinto Brusiati da Novara OP (1640-1645)
Giovanni Battista Cicogna da Novara OP (1645-1660)
Giovanni Alessandro Rusca da Torino OP (1660-1684)
Giacinto Falletto da Pocapaglia OP (1684-1704)
Tommaso Fonticelli da Varazze OP (1704-1712)

---

[30] L'Inquisizione operò nel territorio di Vercelli sin dal XIII secolo. Originaria-mente Vercelli faceva parte di un distretto inquisitoriale domenicano più ampio che comprendeva, tra l'altro, anche Como, Novara, Ivrea. Comunque, il primo Inquisitore documentato competente specificamente per Vercelli risale al 1380. La "moderna" sede inquisitoriale di Vercelli, sempre di competenza domeni-cana, dovette svilupparsi in concomitanza o poco dopo la promulgazione della *Licet ab initio* (1542).
[31] L'ultimo Inquisitore titolare per Vercelli fu Tommaso Fonticelli (1704-1712). Dopo di lui e fino alla soppressione formale dell'Inquisizione in Piemonte, av-venuta nel 1799, Vercelli ebbe solo vicari inquisitoriali.

Verona

Data inizio: 1550[32]
Data fine: inizio XIX sec.

Notizie storiche:
http://www.ereticopedia.org/sede-inquisitoriale-verona

Lista degli Inquisitori:

Girolamo Fanti da Lendinara OFMConv (1550-1559?)
Bonaventura Farinerio da Castelfranco OFMConv (1560-1569)
Marco Medici da Verona OP (1569-1574)
Paolo Molaschi da Lodi OP (1574-1578)
Agostino Niccoluzzi da Faenza OP (1578-1588)
Alberto Cheli da Lugo OP (1588-1591)
Egidio Pusterla da Piacenza OP (1591-1602)
Sante Riva da Genova OP (1602-1604)
Agostino Torre da Rivalta OP (1604-1616)
Silvestro Ugolotti da Castiglione OP (1616-1623)
Pio Giovannini da Bologna OP (1624-1631)
Domenico Cortese da Cotignola OP (1631-1633)
Bonifacio Banzoni da Cardone OP (1633-1634)
Francesco Cuccini da Roma OP (1634-1637)
Pietro Maria Dolcetti da San Severino OP (1637-1647)

---

[32] L'Inquisizione operò nel territorio di Verona dal XIII secolo, affidata ai frati minori (Verona rientrava nelle competenze dell'Inquisitore della Marca Trevigiana, che risiedeva a Venezia o a Verona). Dopo la creazione della Congregazione del Sant'Uffizio (1542) l'Inquisizione a Verona fu riorganizzata così come in tutto il dominio veneziano: di una sede inquisitoriale stabile si ha traccia solo a partire dal 1550. Nel 1569 Pio V tolse la direzione dell'Inquisizione veronese ai francescani e la attribuì ai domenicani.

Clemente Riccetti da Iseo OP (1647-1648)
Giovanni Michele Bergamaschi da Ferrara OP (1648-1664)
Desiderio Muri da Vicenza OP (1663-1670)
Tommaso Mazza da Forlì OP (1670-1674)
Pietro Maria Amiani da Fano OP (1674-1678)
Antonio Ceccotti da Cotignola OP (1678-1682)
Giuseppe Maria Grizio da Jesi OP (1682-1684)
Ludovico Agostino Castelli da Gandino OP (1684-1686)
Andrea Rovetta da Brescia OP (1686-1701)
Giovanni Domenico Accorsi da Ferrara OP (1701-1706)
Giovanni Paolo Mazzoleni da Bergamo OP (1706-1731)
Lauro Maria Piccinelli da Brescia OP (1731-1744)
Girolamo Giacinto Maria Medolago da Bergamo OP (1744-1757)
Serafino Maccarinelli da Brescia OP (1757-1760)
Tommaso Lorenzo Matteucci da Fermo OP (1760-1762)
Vincenzo Maria Panciera da Venezia OP (1762-1765)
Girolamo Taffelli da Verona OP (1765-1773)
Filippo Rosa Lanzi da Brescia OP (1773-?)
Ercole Pio Pavoni da Brescia OP (1781-1797)

Vicenza

Data inizio: 1410[33]
Data fine: inizio XIX sec.

Notizie storiche:
http://www.ereticopedia.org/sede-inquisitoriale-vicenza

Lista degli Inquisitori:

Lazzaro Caldogno da Vicenza OFMConv (1552-1559)
Andrea Bergamin da Vicenza OFMConv (1559-1563)
Antonio dal Covolo da Feltre OFMConv (1563-1569)
Andrea da Maderno OP (1569-1570)
Innocenzo Vallotti da Verona OP (1571-1574)
Giulio Dossi da Firenze OP (1574-1578)
Damiano Rossi da Cento OP (1578-1585)
Girolamo Bonanno da Castel Goffredo OP (1585-1587)
Giovanni Gabriele da Saluzzo OP (1587-1591)
Giulio Caccianemici da Bologna OP (1591-1596)
Girolamo Giovannini da Capugnano OP (1596-1603)
Camillo Santangeli da Colorno OP (1603-1625)
Girolamo Codulcini da Fossombrone OP (1625-1627)
Bonifacio Banzoni da Cardone OP (1627-1632)
Domenico Cortese da Cotignola OP (1633-1637)

---

[33] L'Inquisizione fu presente a Vicenza fin dalla metà del XIII secolo: la competenza era dell'Inquisitore della Marca Trevigiana (che risiedeva a Venezia o meno frequentemente a Verona). A partire dal 1410 è nota la presenza stabile e costante di un Inquisitore di Vicenza e fino al 1430 il tribunale inquisitoriale fu gestito dai domenicani. Nel 1430 la gestione del tribunale passò quindi ai francescani, che la tennero fino al 1569 allorché Pio V affidò di nuovo il tribunale ai domenicani.

Anselmo Oliva da Brescia OP (1637-1639)
Pietro Martire Bonacci da Rezzato OP (1639-1647)
Antonio Merlini da Forlì OP (1647-1649)
Ambrogio Fracassino da Brescia OP (1649-1651)
Giovanni Ludovico Bona da Venezia OP (1651-1652)
Agapito Ugoni da Brescia OP (1652-1662)
Giovanni Michele Bergamaschi da Ferrara OP (1663-1665)
Giovanni Battista Righi dall'Amandola OP (1665-1667)
Tommaso Mazza da Forlì OP (1667-1670)
Angelo Giuliani da Cesena OP (1670-1674)
Desiderio Muri da Vicenza OP (1674-1675)
Giovanni Tommaso Rovetta da Brescia OP (1675-1677)
Antonio Ceccotti da Cotignola OP (1677-1678)
Giuseppe Maria Grizi da Jesi OP (1678-1682)
Paolo Girolamo Moretti da Forlì OP (1682-1693)
Giovanni Domenico Accorsi da Ferrara OP (1693-1695)
Raimondo Fulminissi da Rotella OP (1695-1701)
Ludovico Facastori da Verona OP (1701-1718)
Giacinto Pio Sarli da Ascoli OP (1718-1723)
Enrico Passi da Bergamo OP (1723-1728)
Andrea Bonfabio da Brescia OP (1728-?)
Angelo Tommaso Gattelli da Argenta OP (1743-1755)
Girolamo Taffelli da Verona OP (1755-1762)
Raimondo Petrelli da Ascoli OP (1762)
Angelo Maria Sonzogni OP (1765-1766)
Tommaso Vincenzo Ronconi da Jesi OP (1766-1769)
Giovanni Tommaso Masceroni da Bergamo OP (1769-1773)
Domenico Pedretti da Venezia OP (1773-1775)
Ercole Pio Pavoni da Brescia OP (1775-1781)
Girolamo Alberico Rosciati da Bergamo OP (1781-1786)
Serafino Bonaldi da Verona OP (1787)

Zara

Data inizio: 1578
Data fine: inizio XIX sec.

Notizie storiche:
http://www.ereticopedia.org/sede-inquisitoriale-zara

Lista degli Inquisitori:

Nicola da Zara OP (1578-1589)
Luca Pallavicino OP (1589-1601)
Cornelio Nassi da Zara OP (1601-1644)
Domenico Soppe OP (1644-1661)
Cornelio Uticense da Zara OP (1661-1663)
Vittorio Maria Morea da Zara OP (1663-1671)
Giacinto Paladini da Pago OP (1671-1685)
Felice Possedaria da Zara OP (1685-1690)
Giacinto Zarich da Zara OP (1690-1691)
Francesco Parcich OP (1691-1709)
Domenico Scuttari da Zara OP (1709-1715)
Giovanni Domenico Mircovich da Zara OP (1715-1716)
Giovanni Foresti da Zara OP (1716-1752)
Francesco Maria Bianchi da Zara OP (1752-1753)
Pio Clemente Morelli da Cattaro OP (1753-1776)
Francesco Faini da Zara OP (1776-1782)
Giacinto Pellegrini da Zara OP (1783-1789)
Antonio Cebalo da Curzola OP (1790-1807?)

FONTI E BIBLIOGRAFIA

A cura di Luca Al Sabbagh, Daniele Santarelli, Domizia Weber

Inquisizione romana e Congregazione del Sant'Uffizio. Storia e storiografia

Riferimenti bibliografici

Francesco Beretta, *Galilée devant l'Inquisition. Une relecture des sources*, Faculté de Théologie de l'Université de Fribourg, Fribourg 1998.

Christopher F. Black, *Storia dell'Inquisizione in Italia. Tribunali, eretici, censura*, Carocci, Roma 2013.

Delio Cantimori, *Eretici italiani del Cinquecento. Ricerche storiche*, Sansoni, Firenze 1939 [nuova ed.: *Eretici italiani del Cinquecento e altri scritti*, a cura di Adriano Prosperi, Einaudi, Torino 1992].

Jean-Pierre Dedieu, René Millar Carvacho, *Entre histoire et mémoire. L'Inquisition à l'époque moderne: dix ans d'historiographie*, "Annales. Histoire, Sciences sociales", 57, 2002, pp. 349-372 [online: http://www.persee.fr/doc/ahess_0395-2649_2002_num_57_2_280051].

Jean-Pierre Dedieu, *La Inquisición moderna en su contexto internacional. Fragmentos de historia*, in Felipe Lorenzana de la Puente, Francisco Mateos Ascacíbar (a cura di), *Inquisición. XV Jornadas de Historia en Llerena*, Sociedad Extremeña de Historia, Llerena 2015 [online: https://halshs.archives-ouvertes.fr/halshs-01164743/document].

Andrea Del Col, *Osservazioni preliminari sulla storiografia dell'Inquisizione romana*, in *Identità italiana e cattolicesimo. Una prospettiva storica*, a cura di Cesare Mozzarelli, Carocci, Roma 2003, pp. 75-137.

Andrea Del Col, *L'Inquisizione in Italia. Dal XII al XXI secolo*, Mondadori, Milano 2006.

Vittoria Fiorelli, *I sentieri dell'inquisitore. Sant'Uffizio, periferie ecclesiastiche e disciplinamento devozionale (1615-1678)*, Guida, Napoli 2009.

Massimo Firpo, *Inquisizione romana e Controriforma. Studi sul cardinal Giovanni Morone (1509-1580) e il suo processo d'eresia*. Nuova edizione rivista ed ampliata, Morcelliana, Brescia 2005.

Massimo Firpo, *Da inquisitori a pontefici. Il Sant'Ufficio romano e la svolta del 1552*, in "Rivista storica italiana", CXXII, fasc. 3, 2010, pp. 911-950.

Massimo Firpo, *La presa di potere dell'Inquisizione romana. 1550-1553*, Laterza, Roma-Bari 2014.

Miguel Gotor, *I beati del papa. Santità, Inquisizione e obbedienza in età moderna*, Olschki, Firenze 2002.

Pierre-Noël Mayaud, *Les «Fuit congregatio sancti officii in ... coram ...» de 1611 à 1642. 32 ans de vie de la Congrégation du Saint Office*, in "Archivum Historiae Pontificiae", 30, 1992, pp. 231-289.

Ludwig von Pastor, *Allgemeine Dekrete der Römischen Inquisition aus den Jahren 1555-1597*, Herder, Freiburg im Breisgau 1912.

Ludwig von Pastor, *Storia dei Papi dalla fine del Medio Evo*, Desclée, Roma 1908-1934, 16 voll.

Adriano Prosperi, *Tribunali della coscienza. Inquisitori, confessori, missionari*, Einaudi, Torino 1996.

Chiara Quaranta, *Marcello II Cervini. Riforma della Chiesa, concilio, Inquisizione*, Il Mulino, Bologna 2010.

Giovanni Romeo, *Inquisitori, esorcisti e streghe nell'Italia della Controriforma*, Sansoni, Firenze 1990.

Giovanni Romeo, *L'Inquisizione nell'Italia moderna*, Laterza, Roma-Bari 2002.

Giovanni Romeo, *L'Inquisizione romana e l'Italia nei più recenti sviluppi storiografici*, in "Rivista storica italiana", CXXVI, fasc. 1, 2014, pp. 188-206.

Daniele Santarelli, *Dinamiche interne della Congregazione del Sant'Uffizio dal 1542 al 1572*, in "Nuova Rivista Storica", XCVII, fasc. 3, 2013, pp. 1037-1048 [online: https://halshs.archives-ouvertes.fr/halshs-00782520v5/document].

Herman H. Schwedt, *Die Anfänge der Römischen Inquisition. Kardinäle und Konsultoren 1542 bis 1600*, Herder, Freiburg 2013.

Herman H. Schwedt, *Die Römische Inquisition. Kardinäle und Konsultoren 1601 bis 1700*, Herder, Freiburg 2017.

Herman H. Schwedt, Tobias Lagatz, *Prosopographie von Römischer Inquisition und Indexkongregation, 1814-1917,* Schöningh, Paderborn 2005, 2 voll.

Herman H Schwedt, Jyri Hasecker, Dominik Höink, Judith Schepers, *Prosopographie von Römischer Inquisition und Indexkongregation 1701-1813*, Schöningh, Paderborn 2010, 2 voll.

John A. Tedeschi, *Il giudice e l'eretico. Studi sull'Inquisizione romana*, Vita e Pensiero, Milano 1997.

Michaela Valente, *Nuove ricerche e interpretazioni sul Sant'Uffizio a più di dieci anni dall'apertura dell'archivio*, in "Rivista di storia e letteratura religiosa", XLVIII, 2012, fasc. 2, pp. 569-592.

Inquisizione romana, tribunali locali e giudici della fede

Fonti manoscritte

Archivio della Congregazione per la Dottrina della Fede, *S. O., Decreta*; *S. O., Juramenta*; *St. St.*[34] Francesco Antonio Benoffi, *Series Inquisitorum Tusciae, quos usquemodo collegit F. F. A. Benoffi, Vic. Gen. S. O. Floren.*, Biblioteca Antoniana di Padova, ms. 698.

Domenico Francesco Muzio, *Tabula chronologica inquisitorum Italiae et insularum adiacentium ex Ordine praedicatorum*, Biblioteca civica di Alessandria, ms. 67.

Ermenegildo Todeschini, *Catalogus inquisitorum*, Archivum O. P. Bonon., *Series I, n. 17500*.

Fonti a stampa

Francesco Becattini, *Istoria dell'Inquisizione ossia S. Uffizio, corredata di opportuni e rari documenti: data per la terza volta alla luce con aggiunte...*, Giuseppe Galeazzi, Milano 1797.

Vincenzo Maria Fontana, *Sacrum Theatrum Dominicanum*, ex typographia Nicolai Angeli Tinassij, Romae 1666.

Nicola Papini, *L'Etruria francescana o vero Raccolta di notizie storiche interessanti l'Ordine de' FF. Minori Conventuali di S. Francesco in Toscana*, Tomo I, dai torchi Pazzini Carli, Siena 1797.

Giovanni Michele Pio, *Della Nobile et generosa progenie del P. S. Domenico in Italia*, Appresso Bartolomeo Cochi, Bologna 1615.

---

[34] Le notizie sulle nomine e sui giuramenti degli inquisitori delle sedi periferiche del Sant'Uffizio, relative ai secoli XVI-XVIII, che si trovano nei menzionati fondi dell'Archivio della Congregazione per la Dottrina della Fede sono state ampiamente sfruttate in Schwedt 2010, Schwedt 2013, Schwedt 2017, opere alle quali si rinvia per i riferimenti puntuali.

Pietro Antonio Ribetti, *Giardino serafico istorico fecondo di fiori, e frutti di virtù, di zelo, e di santità nelli tre Ordini instituiti dal gran patriarca de poveri S. Francesco*, vol. I, Domenico Lovisa, Venezia 1710.

Innocenzo Taurisano, *Hierarchia ordinis praedicatorum. Pars Prima*, Unio Typographica Manuzio, Romae 1916.

Riferimenti bibliografici

A dieci anni dall'apertura dell'Archivio della Congregazione per la Dottrina della Fede: storia e archivi dell'Inquisizione, Roma, 21-23 febbraio 2008, Scienze e Lettere Editore Commerciale, Roma 2011.

Luca Al Sabbagh, *Reggio Emilia e l'Inquisizione: la Narrativa dell'Origine, e Stato degl'Inquisitori, quali dalla fondazione di questa Inquisizione di Reggio hanno retto questo Santo Tribunale (1709-1743)*, in "Quaderni eretici", 3, 2015, pp. 67-84.

Giovanni Angeli, *Lettere del Sant'Ufficio di Roma all'Inquisizione di Padova (1567-1660), con nuovi documenti sulla carcerazione padovana di Tommaso Campanella in appendice*, a cura di Antonino Poppi, Centro Studi Antoniani, Padova 2013.

Jaleh Bahrabadi, *L'Archivio del Sant'Ufficio di Pisa: il complesso, l'istituzione e la descrizione analitica*, in "Giornale di storia", 5, 2011 [online: http://www.giornaledistoria.net/wp-content/uploads/2017/03/Bahrabadiarticolo DEF.pdf].

Alessio Berzaghi, *Per ben adempiere al proprio dovere. La sede mantovana del. Sant'Uffizio tra XVI e XVIII secolo*, tesi di dottorato inedita, Università degli Studi di Verona, 2010.

Luca Ceriotti, Federica Dallasta, *Il posto di Caifa. L'Inquisizione a Parma negli anni dei Farnese*, Franco Angeli, Milano 2008.

Federico Chabod, *Lo Stato e la vita religiosa a Milano nell'epoca di Carlo V*, Einaudi, Torino 1971.

Guido Dall'Olio, *Eretici e inquisitori nella Bologna del Cinquecento*, Istituto per la storia di Bologna, Bologna 1999.

Andrea Del Col, *Organizzazione, composizione e giurisdizione dei tribunali dell'Inquisizione romana nella repubblica di Venezia (1500-1550)*, in «Critica storica», XXV, 1988, pp. 244-294.

Gian Luca D'Errico, *L'Inquisizione di Bologna e la Congregazione del Sant'Uffizio alla fine del XVII secolo: analisi e ricerche*, Aracne, Roma 2012.

Dizionario storico dell'Inquisizione, diretto da Adriano Prosperi, con la collaborazione di Vincenzo Lavenia e John Tedeschi, Edizioni della Normale, Pisa 2010, 4 voll. e un inserto iconografico.

Luigi Fumi, *L'Inquisizione romana e lo Stato di Milano. Saggio di ricerche nell'Archivio di Stato*, "Archivio storico lombardo", a. 37, s. 4, vol. 14, 1910, fasc. 25, pp. 5-124; fasc. 26, pp. 285-414; fasc. 27, pp. 145-220.

Vincenzo Lavenia, *Giudici, eretici, infedeli. Per una storia dell'Inquisizione nella Marca nella prima età moderna*, in "Giornale di storia", 6, 2011 [online: http://www.giornaledistoria.net/wp-content/uploads/2011/06/LaveniaInquisizioneMarcaDEF.pdf].

L'Inquisizione romana: metodologia delle fonti e storia istituzionale. Atti del Seminario internazionale, Montereale Valcellina, 23 e 24 settembre 1999, a cura di Andrea Del Col e Giovanna Paolin, Edizioni dell'Università di Trieste, Trieste 2000.

Ljudevit Anton Maračić, *Bragaldijev popis ikvizitora (Il catalogo degli inquisitori di Bragaldi)*, in "Annales, Anali za Istrske in Mediteranske Studije" ("Annali di Studi Istriani e Mediterranei"), 24, 2001, pp. 11-17.

Roberto Nini, *Il Sant'Uffizio di Spoleto: repertorio delle fonti di un'Inquisizione umbra con brevi cenni su alcune sue vicarie e altre sedi, tratte da documenti conservati presso l'Archivio della Congregazione per la Dottrina della fede*, Il Formichiere, Foligno 2015.

Arturo Pascal, *Il Marchesato di Saluzzo e la Riforma protestante durante il periodo della dominazione francese, 1548-1588*, Sansoni, Milano 1960.

Praedicatores, inquisitores, vol. 3, *I Domenicani e l'Inquisizione romana: atti del III Seminario internazionale di studi su I domenicani e l'Inquisizione*,

Roma, 15-18 febbraio 2006, a cura di Carlo Longo, Istituto storico domenicano, Roma 2008.

Adriano Prosperi, *L'Inquisizione romana. Letture e ricerche*, Edizioni di Storia e Letteratura, Roma 2003.

Herman H. Schwedt, *Gli Inquisitori Generali di Siena, 1560-1782*, in Oscar Di Simplicio (a cura di), *Le Lettere della Congregazione del Sant'Ufficio all'Inquisitore di Siena. 1581-1721*, Edizioni dell'Università di Trieste, Trieste 2009, pp. IX-LXXVI.

Herman H. Schwedt, *Gli inquisitori generali di Aquileia e Concordia, poi Udine, 1556-1806*, in Andrea Del Col (a cura di), *L'Inquisizione del patriarcato di Aquileia e della diocesi di Concordia. Gli atti processuali, 1557-1823*, Istituto Pio Paschini - Edizioni Università di Trieste, Udine-Trieste 2009, pp. 161-204.

Michael Tavuzzi, *Renaissance inquisitors: Dominican inquisitors and inquisitorial districts in Northern Italy, 1474-1527*, Brill, Leiden 2007.

Giuseppe Trenti, *I processi del tribunale dell'Inquisizione di Modena: inventario generale analitico (1489-1784)*, Aedes Muratoriana, Modena 2003.

Dario Visintin, *L'Inquisizione in Friuli alla metà del Seicento*, in "Giornale di storia", 6, 2011 [online: http://www.giornaledistoria.net/monografica/saggi/linquisizione-friuli-alla-meta-del-seicento].

Domizia Weber, *Sanare e maleficiare. Guaritrici, streghe e medicina a Modena nel XVI secolo*, Carocci, Roma 2011.

Sitografia

Censimento degli archivi inquisitoriali in Italia: http://siusa.archivi.beniculturali.it/cgi-bin/pagina.pl?RicProgetto=inquisizione

Repertorio degli inquisitori e delle sedi inquisitoriali (sezione del *Dizionario di eretici, dissidenti e inquisitori nel mondo mediterraneo*): http://www.ereticopedia.org/repertorio-inquisitori

SYMOGIH.ORG, SoCh286 "Inquisiteur": http://symogih.org/?q=social-characteristic-record/286